わたしだけのおいしいカレーを作るために

JN157292

水野仁輔

まえがき

茶褐色のシャバッとしたカレーソースを真っ白なライスにかけ、スプーンで口に運ぶ。スパイシーな香りとともに鮮烈な辛さが舌を刺し、少し遅れて鶏肉のうま味とほのかな甘味がやってきた。

「うん、うまい。この味なら良しとするか」

東京湯島の老舗カレー専門店「デリー」のカウンターで、二十歳《はたち》の僕は、人知れず何度かうなずいた。評論家でもあるまいし、思えばずいぶん偉そうな態度である。

静岡県浜松市に生まれた僕は、地元にあった「ボンベイ」というカレー専門店に5歳か6歳で出会い、高校卒業まで通い詰めた。通って通って通いまくった。エキゾチックな店の雰囲気に憧れ、眼光鋭い店主に尊敬のまなざしを向けた。ロゴマークの入った赤いトレーナーを来たアルバイトの女性にドキドキし、インドの土産物と交換できるルピーチケットを集めまくった。あのころの僕は「ボンベイ」に住んでもいいとさえ思っていた。

大学進学で上京したとき、一人暮らしの寂しさに拍車をかけたのは、お袋のみそ汁ではなく、「ボンベイ」のカレーとの離別だった。懐かしい味の幻影を追い求め、夢中で東京じゅうのカレー店を食べ歩いた。結果、唯一納得できたのが、「デリー」

だったのだ。

数年後、僕は、大変な事実を知る。浜松「ボンベイ」のオーナーは、なんと湯島「デリー」で修業していたというじゃないか。そ、そういうことだったのか！　ざわざわっと全身に鳥肌が立つのがわかった。

幼いころから慣れ親しんだ味の記憶に導かれ、僕はおびただしい数のカレー体験から数奇なひと皿を選んだことになる。習慣的に食べていた味わいが持つ影響力の強さを実感した体験である。あれ以来、「デリー」のチキンカレーを食べるたびに、ノスタルジックな気持ちがそっと顔をのぞかせる。ざわついた気持ちがカレーをおいしく感じさせるという現象は僕にとっては宝物みたいなものだ。

食卓の数だけカレーがあり、食べる人の数だけ「わたしの好きなカレー」がある。なんて不思議な食べものなんだ。誰かと誰かが「おいしいカレーとはなにか？」をテーマに議論したら、きっと朝が訪れても終わりはやってこないだろう。

じゃあ、カレーライフを幸せに送るにはどうしたらいいんだろうか？

「わたしだけのおいしいカレー」を作れるようになればいいと僕は思う。

それは誰かと比べたりしてはいけない。比べられるものではない。なにをどうすればおいしいカレーにたどり着けるのか、わたしだけの〝宝の地図〟を手にする方法をどうか見つけてほしい。

目次

1. もしも丸鶏を見つけたら

2. 玉ねぎは炒めないことにした

3. キッチンに立ってはじめにするのは？

4. スパイスにはなにを演じてもらおうか

5.

静かに、そして優しく煮込むのだ

6.

僕はこんなカレーを食べてきた

7. おいしいが生まれる場所のこと

1.

もしも丸鶏を見つけたら

あなたの好きとわたしの好き

東京・神宮前のとある交差点に自転車で差し掛かると、必ずと言っていいほど赤信号に捕まる。なんでだろうな、あの場所だけはもう宿命かのようにそうなる。するとと、手をつないだ若い男女ふたり組が目の前の歩道を横切った。このアベックといったら、ペアルックでラブラブ（古い）。全身を黒革のパンクファッションに身を包み、銀色のアクセサリーをジャラジャラとつけ、髪を銀色に染めている。ファッション誌から抜け出してきたようなふたりを眺めていたら、モヤモヤとした疑問が脳裏に浮かんできた。彼らが好きなものって、いったい……。それは、今思えば重要な示唆に富んでいた。信号が青に変わり、再び自転車をこぎ始めた僕は、「おいしいカレーとはなにか？」について延々と考える羽目になったからだ。

カレーが好きだ。

でもこの好きという感情は僕だけの特別なもので、他人と比べて勝っているわけでも劣っているわけでもない。誰かとまったく同じようにカレーを好きなわけではない。好きという感情は、それぞれの人の心に緻密に組み立てられた特別な建築物のようなもので、ふたつとして同じ形をしていないんだ。すなわち僕の好きなカレーの姿は誰のものとも似ていない。

パンクファッションに身を包んだあのふたりは、そのいでたちから〝好きが共通している〟ことでつながっているようだった。でもさ、でもねぇ、と考える。仮にどちらかが「そろそろ髪の毛を銀色に染めるのも飽きたな」なんて思い始めたとしたら……。ふたりの仲はいったいどうなってしまうんだろうか。勇気を出して言い出せるのだろうか。それともそおっと離れていくのだろうか。〝ラブラブ〟は終わってしまうのか。余計なお世話だが、彼らの行く末が心配になった。

好きという感情の複雑さをカレーという料理にあてはめてみる。ああ、なんと悩ましいことか。

あなたの好きなカレーは、誰かの好きなカレーと一緒ですか？

僕の好きなカレーは、誰かの好きなカレーとは違う。もちろん、あなたの好きなカレーとも違う。共通しているのは「カレーが好きだ」という事実であって、その先の先までピタリと好みや意見が合う人には永遠に出会えないだろう。

音楽が好きだ。

いちばん影響を受けたのはファンクと呼ばれるジャンルで、大学のときにスライ&ザ・ファミリー・ストーンというミュージシャンの音に出会ったのがキッカケだった。彼らがカバーした古き良き名曲「ケ・セラ・セラ」が当時の僕の稚拙な音楽観を滅茶苦茶にしてくれた。優しさと嘆きと狂気が入り乱れる何分間かに感じたことを正確に説明することはできない。スライをきっかけにJB,sやオハイオ・プレイヤーズを知り、カーティス・メイフィールドやアイズレー・ブラザーズを聴くようになり、ジワジワと形成されていった僕の音楽の好みは唯一無二だと思いたい。「なるほど、つまり君は60年代~70年代のソウルミュージックファンということなのね」などとひとくくりにされてはたまらない。自己愛が強すぎるのかな。

カレーの好みは人それぞれ。みんな違ってみんないい。ありきたりな言い方をすれば、そういうことになるのだろう。

じゃあ、抜群においしいカレーを作りたい、食べたいと思ったときはどうすればいい? レシピ本を買う? いいや。口コミサイトでカレー店を探す? いやぁ……。だって、好みは十人十色なのよ。運がよければわたしにとっての80点や90点のカレーに出会える可能性はあるけれど、100点満点の味[1]には巡り合えない。

でもそれで満足できるかな。

1 カレー店のカレーもカレーメーカーの商品もレシピ本のカレーも、基本的には不特定多数に向けて作られ、提供され、提案されているものだ。「みんなにとっての80点」を目指しているわけだから、「あなたにとっての100点」にはなりにくい。

あるとき、知人が何気なく発した疑問に思わず息をのんだ。

「わたしが好きなカレーにはなにが入っているんでしょうか？」

預言者・水野はこう答えてやったのさ。

「そうね、君の好きなカレーにはきっと、ナッツとはちみつと少しだけの愛が入ってるんじゃないかな」

いや、嘘です。僕はあの素朴な疑問を目の当たりにして黙り込んでしまったのだ。どう答えていいかわからない。適当なことは言えないし、逆に「そんなこと自分で考えなよ」と突き放すわけにもいかない。

カレーが好きでよく食べる。でもおいしいと思うものとそうではないものがある。両者の間にはどんな差があるんだろうか。これが入っていると好き、入っていないといまいち。逆にあれが入っていなければ好き、入っていると嫌い。使われている材料にヒントがあるはずだ。それを知りたい。

作り方によっても好みが決まるんだとしたら、それを教えてほしい。できあがった茶色いソースを口に運ぶだけじゃあまりに謎めいている。考えれば考えるほど魂の叫びのように思えてきた。最適なアドバイスを送るとすれば、やっぱり「自分に聞いてみなよ」ということになる。そう、それが結論だ。

カレーライフを最も幸せに送る方法は、「わたしだけのおいしいカレー」を見つけることだ。

カレー作りの正解を自分以外の誰かに求めてはいけない。万人に共通する普遍的な答えはどこにもないと思ったほうがいい。たったひとつだけ答えがあるとしたら、それはあなたの中にだけ。誰がなんと言おうと気にしなくていい。〝わたしの好きな味〟に自信を持ってカレーを作るのがいい。そんなふうに自分勝手に楽しむのがいちばんだ。

カレーのバラエティは無限[2]にある。そんなカレーを作ろうと思ったら終わりなき取捨選択《しゅしゃせんたく》の連続がスタートする。

その道はいくつもに枝分かれしているから、だだっ広い高速道路とは違う。迷路のように入り組んだ道でも、アップダウンを繰り返すような道でも、それが一本道ならいつかはゴールにたどり着けるだろう。ところがそうはいかない。まるで深い樹海の中、道なき道を歩くようなものなんだ。

わたしの好みを知るだけでなく、そのカレーにはなにが使われていて、どんなテクニックが駆使されているのかを見つけられるようになってほしい。

でもさ、それがすっとわかれば苦労はないんだよ。……ということなんだよね。

2
「どこからどこまでがカレーなんだろう?」という疑問を持ったことがある人は多いと思う。正解はない。食べる人によって感じ方が違うから。あなたが食べてカレーだと思えばその料理はカレーである。

そんなに難しいことじゃないと僕は思っている。カレーの世界は、一見、ブラックボックス[3]にされていることが多いように見える。そんなことはない。みんなが思っているよりもずっと素直な料理なのだ。

材料に入れたものの味わいが生まれる。加熱の方法によって、その出方が変わる。なにを加えてどう調理したか。そこに不思議なことは起こらない。マジックじゃないのだから、シルクハットからいきなり鳩が飛び立ったりはしないのだ。じゃあ、どうやって「わたしだけのおいしいカレー」にたどり着けばいい？

ひとまず僕の好きなカレーをたたき台にしてみたらどうだろうか。

本書では、僕自身が最もおいしいと思う「水野仁輔だけのおいしいカレー」の作り方をたったひとつ紹介する。略して「水野カレー」とでもしておこうか。そしてそのカレーが完成するまでに僕が経験してきた逡巡《しゅんじゅん》と選択と試行錯誤、またその他の可能性について解説する。その過程で僕は何度も何度も問いかけよう。

「あなたならどうする？」

「わたしならこうする」を積み重ねていけば、読み終わったときに完成するオンリーワンなレシピは、あなただけのおいしいカレーに導いてくれるんじゃないかな。樹海を通り抜け、森を越えた先にたどり着くカレーはいったいどれほどおいしいだろ

3
カレーという料理の包容力がそうさせている部分もある。なにを入れても味がまとまってしまうという特徴があるから、あれこれと入れたくなる。たくさんのアイテムを入れすぎたら、仕上がったカレーを食べて中身がわからないのも当然だ。さらに、カレー店やプロは「ここからは見せられません」と不敵な笑みを浮かべて付加価値を高めようとしたりするから、手に負えないという印象が強まるのかもしれない。

う。さ、一歩目を踏み出してみようか。コンパスは、ここにある。

カレーの問診票

「エンケンさん、知ってる?」

川岸さんが言った。

「エ・ン・ケ・ン? 知りません……」

「なぁんだ、知らないのか」

川岸さんが、お話にならないな、というようなジェスチャーをすると、横にいた大槻さんがニヤリと笑った。

大学生のとき、アルバイトをしていたテレビ局の制作室では、ディレクターやADさんたちの間で頻繁に音楽談義が交わされていた。大学生の僕がイッパシの音楽好きを自称して仲間入りをしようと試みると、ふたりの先輩(彼らはすでに社会人として局で働いていた)がおもしろがって相手にしてくれたのだ。

エンケンとは、「純音楽家」として活躍した、故・遠藤賢司氏のことだ。「カレーライス」という名曲も書いている。名前も聞いたことがなかった僕は、一瞬にして彼らの餌食になった。「なんだよ、エンケンも知らずに音楽好きとか言ってんの?」みたいな感じでからかわれ、僕は早々に降伏宣言をした。すると翌週に川岸さんはライブに誘ってくれ、大槻さんは一本のミックステープを作って持ってきてくれた。彼がオススメするブラックミュージックのナンバーが20曲ほどセレクトされているものだ。件のスライ&ザ・ファミリー・ストーンに出会ったのは、このテープである。

「どの曲が好きだった?」

大槻さんに聞かれると、僕は「これとこれ」といった調子でいくつかの曲を答える。

「なるほどね」

そう言って、次の機会に別のセレクトをテープに入れてきてくれる。テープは合計3回ほど作ってもらったが、初回のラインナップは幅広く、僕の好みを反映させながら徐々に選曲の幅を狭めていってくれていた。おかげで僕は次々と新しい曲を知りつつ、自分の好きな音楽の特徴を理解することができるようになったのだ。

どうやらあれは僕にとって音楽の問診票のようなものだったんじゃないか。

カレーの世界にも問診票があっていいんじゃないかと思う。ただ、病院で書く問診票と違って正解・不正解はないから、なにを回答しても「不節制な日常生活を正してください」、「お酒は控えめに」、「たまにはジョギングでもして」などと怒られる心配はない。僕が医師になりかわって「ああ、あなたの好みはここが間違ってますね」とは言えるわけではない。

わたしの好きなカレーはどんなものなのか。客観的に把握するのが目的だ。カレーの個性をつかむために参考になるポイントはいくつもある。それらをひとつずつ確認していって、「なるほど、こんなカレーが好きだったんだな」と頭の片隅に置いておこう。いつでもそこに立ち戻れる。点描画に精を出す画家が、ときどき後ろに下がって俯瞰《ふかん》で見栄えを確認するように。

たとえば、「カレーの味」といったときに味にはどんなものがあるだろうか？味の表現に使われているものを洗い出してみよう。「コッテリ」とか「ズッシリ」したものは重たい味、一方で、「スッキリ」とか「サッパリ」したものは軽やかな味。重いか軽いかだけじゃない。「コックリ」したカレーといえば、深みのありそうな感じ、「アッサリ」といえば浅い味わい。「ジンワリ」うまいとか、「シンミリ」うまいとか、「シミジミ」うまいとか。そんな表現になってくると味わいを超えて情緒が出てくる。

基本四味と言われているものは、「塩味」、「甘味」、「苦味」、「酸味」である。塩味は、この一点という感じで決まっているのがいちばんいいけれど、それも人によって好みが違う。塩けの強いほうがいい人もいれば、弱めのほうがいいという人もいる。甘味が強いカレーは、多くの場合、ひと口めから「うまい！」という感覚が宿る。これは、人間が味覚の中で最初に感じることができるのが甘味だからだという説を専門書で読んだ[4]ことがある。甘味を強く感じると味覚のセンサーが研ぎ澄まされるから、その他の味について敏感になるのだそうだ。

酸味はカレー全体の味を引き締める。だから、トマトやレモン、ヨーグルト、ワインなどの酸味が入るとカレーの味がビシッと締まった印象になる。男性よりも女性のほうが酸味の効いたカレーの魅力に気づきやすいような気がする。苦味は、ビターという言い方もできる。大人っぽいカレーを食べているようなおいしさがある。深みも感じるからちょっと贅沢なカレーの味になる。

基本四味以外に第5の味覚と呼ばれているものが、「うま味」である。カレーにおけるうま味の役割はとてつもなく大きい。いろんな角度からのうま味がありすぎて、語り切れない。肉の油脂分やだしのうま味、乳製品やナッツなどのコク、玉ねぎをじっくり炒めたときに生まれるうま味。カレーはうま味の塊だ。だからといって、それが強ければ強いほどうまいとも限らない。好みによるのだから。お茶漬けのようにサラサラ食べられるうま味の弱いカレーが好きな人もいる。

うま味以外に「味」とつくものに「辛み（辛味）」がある。辛みは味覚ではない。

4 伏木亨著『コクと旨味の秘密』。この本を読んだのは、もう覚えていないくらい昔のことだが、衝撃を受けたことを思い出す。おいしいカレーとはなにかを解明したい僕には、ヒントの宝庫だった。

舌の上で感じるものではなく、脳の神経に直接作用する感覚のようで、痛みに近いといわれている。「ビリビリ」したカレーといえば、かなり辛いイメージがある。「ピリピリ」、「ヒリヒリ」となれば、少しずつ辛みはやわらいでいくだろか。大辛、辛口、中辛、甘口なんていう評価軸も日本のカレーでは一般的だ。「キリキリ」と辛い、となれば、もうこれは、体の不調を訴えかねないほどの辛さになるだろう。辛いカレーは、慣れてくると後を引く。カプサイシン[5]の影響があるからか、病みつきになるという側面も持っていて魅力的だ。

味と双璧をなす、いや、味と密接に関係しているのが香りだ。香りは主にスパイスからくるものだ。それぞれのスパイスごとに個性的な香りがあり、さらにそれがブレンドされることによって想像を超えた香りが生まれる。そして、その香りは、素材の味わいを引き立てる。カレーの魅力は、この香りが握っているといっていい。

カレーソースのテクスチャーはどうだろうか。「ドロドロ」したカレーと「シャバシャバ」のカレーでは舌ざわりものど越しもまったく違う。「トロトロ」してなめらかだったり「サラサラ」して軽やかだったりするのもある。水分を飛ばして煮詰めていけば「ジュクジュク」したカレーになる。そこに具やトッピングの食感が加われば、「ムニュムニュ」したり、「パリパリ」したり、「サクサク」したり、「モソモソ」したりする。その変化を楽しめるのもいい。

5 レッドチリの辛み成分であるカプサイシンを体内に取り込むと、「アドレナリン」という物質が体内に分泌される。血糖値が高まり興奮させる作用があるそうだ。同時に「辛い」という痛みに似た刺激をやわらげるために体内から「エンドルフィン」という物質が出る。これによって爽やかな気分を感じさせる作用があるという。だから、レッドチリはクセになる。

塊の肉が「ホロホロ」になっていたり、「クタクタ」や「トロトロ」になっているカレーは人気がある。一方で「ギュッ」と噛《か》み応えがあるのもなかなかいい。「シャキシャキ」した野菜とか「ホクホク」した根菜とかも魅力的だ。

そもそもカレーの具はそのバリエーションが果てしない。「肉」、「野菜」、「魚介類」、「キーマ」、「その他」、なんでも。量は、「ガッツリ」と多いのが好きか「チョッピリ」の少なめが好きか分かれるところだ。

味の表現だけでなく、そのカレーが作られた背景にまで踏み込むのもおもしろい。「本場の」[6]とか、「限定の」とか、「こだわりの」のような表現はみんなの大好物だ。ちょっとおいしいカレーを食べられそうな気がしてくるから不思議。「○○さんが好きな」とか、「家庭の」とか、「宮廷の」とかもある。

カレーに付加価値をつける方法として、「無添加」、「有機」、「薬膳」、「国産」なんて健康面からのアプローチもあるし、「3日間かかる」、「10時間煮込んだ」、「30種類のスパイスをブレンドした」など手間をかけていることがわかる表現もある。洗練されたカレーや、上品なカレーや、飾らないカレーも素敵だ。

そのカレーは、どの国に由来しているものだろうか？　欧風カレー？　インドカレー？　タイカレー？　和風カレー？　色は？　黒、焦げ茶、茶、薄茶、赤、オレンジ、イエロー、レモン色、白、緑、薄緑……、トッピングでも個性は出るし、カ

6 僕はこの表現をこれまで極力使わないようにしてきた。たとえば、カレーの本場は一般的な認識ではインドになる。本場のカレーといえばインド料理ということになるが、「インド料理とはこうである」と語れるほど簡単ではない。10人がインドへ行けば10通りの「本場」が存在するのだ。

レーライスではなく、パンやパスタ、蕎麦、うどん、ラーメンなどにしてもカレーは成立する。

　さて、あなたはどんなカレーが好きだろうか。

丸鶏を買い、丸鶏をさばく

　カレーという食べものは、一度頭に思い浮かべたらガマンができなくなる料理ナンバーワンかもしれない。ランチはカレーにしようかな、と思って足を運んだカレー店が臨時休業していたりすると、じゃあパスタでいいか、とはなりにくい。この辺に他にカレー店なかったっけ？　となってしまう。カレーの持つ不思議な力だ。

スーパーや肉屋さんでおいしそうな丸鶏[7]を見つけたとき、僕は、カレーを作りたくなる。クリスマスの時期なんかに出回るやつだ。いくつも売っていることはないから、誰かに取られる前に急いで買いものかごに突っ込む。

　この時点で脳裏には僕が最も好きなチキンカレーのできあがりが浮かんでいる。おいしいカレーが作れるぞ、と妄想を膨らませるから、自動的に野菜コーナーに移動して、玉ねぎ、にんにく、しょうが、トマトに手を伸ばす。スパイスはすべて自

7　いつでもどこでも売っているものではないし、複数あって選べるケースも少ないから迷う必要はない。国産ならそれにこしたことはないし、解凍ものじゃないほうが当然いい。そのくらいか。あとは、手に取って見回して赤い液がにじみ出ていたりしないほうがいい。レバーなどは抜かれていると思うが、首がついた状態で売っていたらスープに使える。

宅に揃っているから大丈夫。乳製品コーナーに行ってプレーンヨーグルトを。隠し味に使うマーマレードは、どこにあったっけ。まるで専用のベルトコンベアーに乗っているようなスムーズさでレジに滑り込むのだ。

カレーを作ろうと思うキッカケは、決まって良質な食材との出会いだ。

全国各地に出張し、ライブクッキングを行う[8]〝本業〟をもう18年以上続けているけれど、いつまでも飽きないのは、訪れた土地ごとに旬の鮮度のいい素材に巡り会えるからだ。「これをカレーにしたい！」というセンサーが勝手に動き出す。そんなときは思わず独り言が出そうになる。結局さ、素材がよければカレーはおいしくなるんだよ。

銀座に「三笠会館」というレストランがある。鶏肉の唐揚げが名物だ。良質の丸鶏を大量に仕入れ、モモ肉とムネ肉を唐揚げ用に切り出す。残った部位はどうなるの？

ふふふ、チキンカレーになるのだよ。ありとあらゆる部位から出ただしのうま味と部位ごとに違う食感や味わいがすべて混じり合ってひとつの鍋で煮込まれる。そのおいしさたるや。

唐揚げとチキンカレーを注文すれば、丸鶏のおいしさをコンプリートして堪能できる。捨てるところがない。丸ごといただけるというのは、まったく贅沢なことだ

8 カレー専門の出張料理という稀有な活動を18年以上続けてきた。今でこそ様々なイベントにカレーを提供する取り組みがあるけれど、始めた当時は、参加者たちによく怪訝な顔をされたなぁと思い出す。

よなぁ。

丸鶏なんてさばいたことがない、という人が多いかもしれない。心配はない。どうせすべてがカレーになるのだから、なにもきれいにさばく必要はないのだ。カレーっていう料理のよさは、未熟な自分を受け入れてくれるところにある。炒めて煮込んでできあがるから、包丁の使い方が上手じゃなくても、器に盛ってバレることはない。カレー店に行ってビーフカレーを注文し、食べるときに「ここのシェフ、切り方へたくそだなぁ」なんて思う人はいない。ステーキだったらそうはいかないよ。「なんか隣の席の客のほうが厚いステーキ食べてる気がする」なんて。

まず、丸鶏をまな板にどんと乗せたら、包丁を握る前に僕は皮をはぐ。[9] 皮は使わない。皮から出る脂はおいしいけれど、邪魔になるんだ。その脂を抜いた分、植物油を多めに使いたい。にんにくやしょうがが、スパイスを炒めるときの植物油を。

これは油脂分に関する僕なりのセンスだと思っている。僕にとってセンスとは意思のようなものだ。だからセンスはいいか悪いかではなく、あるかないかだ。意思を持って料理をしたい。昔、ある人気雑誌の特集で「センスのいい人」というのがあって、不思議に思ったことがある。たくさんのいかにもセンスのよさそうな人が出ていたけれど、あの特集自体に果たしてセンスはあったんだろうか。きっと「僕のセンスをお見せしましょう」という人と同じくらい「そういう取材は受けられな

9 大学時代、インド料理店でアルバイトをしていたときは、半解凍した鶏モモ肉の皮をはぐ作業をひたすらやったことがある。インド料理では鶏皮がついたまま使うケースは稀だと思う。一説には「皮と身の間に菌が繁殖しやすいから」と聞いたことがあるが、ただ単に「皮をおいしいと思わない」のかもしれないし、「市場でさばくときに皮をはいでしまうから」なのかもしれない。

いな」というセンスのある人が雑誌の外側にたくさんいたはずだ。
鶏皮は使わないというセンス。これは僕だけのものだ。カレーに入れたい油脂分の総量を考えたときにどこで引いてどこで足すかを考えるのは、質とタイミングも関係[10]してくる。脂と油は味わいが違う。そして、鶏皮の脂がカレーに加わるのは調理の後半で植物油が加わるのは前半。早い段階から油を活躍させようと思ったら、皮は要らなくなる。塩を振って串焼きにでもしとこっか。

鶏肉の皮を手ではいでいると多くの発見がある。感触から鶏の形を感じられるんだ。骨がどうなっていてどこに関節があって、肉はどうついているのか。なるほど、ここがムネ肉か、とか、モモ肉って意外に大きいんだな、とか。これを実感すると次に切り分けていくときに役立つ。

むやみに包丁を入れるのではなく、関節を追って軟骨の部分に包丁を入れるとすっと切れる。鶏ガラにあたる部分や首の部分も割と簡単に取り除くことができる。目的は食べやすいサイズに切ること。とはいえ骨つきのままがいい。かぶりつけばいいのだから。大小さまざまな部位があっていい。味わいが違って楽しめるから。

どんな素材でもじっくり向き合って対話することが大切だ。

10 油脂の役割は、加熱のコントロールとうま味の増幅。油脂分が多いほど素材がコーティングされてこんがりと火が入る。肉から出る脂分はおいしさを増幅させる。それらの役割をどこで担わせたいかによって使うタイミングや量が変わる。また、油脂分の酸化を避けたければ、調理過程で出る油脂分は取り除き、バターを溶かし混ぜる（モンテする）手法も有効。

おいしいカレーの5要素

鶏肉は、ガラとそれ以外に分ける。ガラはスープにし、それ以外はすべて具になる。そうやってカレーの材料は役割分担を決めてあげよう。

で、いきなりスープを取ってみる。ガラをざっと洗って鍋に入れ、水を加えて強火にかける。アクが出たら取り除いて、そのままグツグツと煮込み続ける。チキンブイヨン[11]にするときなんかは、弱火で静かに煮込んだほうがいい。昔は僕もそうしていた。このままコンソメにでもしようかな、なんて調子で何時間もかけてすっきり澄んだスープを作っていたのだけれど、カレーに加えるとどこかに消えてしまう。あれ？　スープはどこ行った？

カレーの風味が強すぎて、スープのうま味が負けてしまうのだ。時間がかかる割に成果が乏しく残念な気持ちになる。だから強火でグツグツやることにした。短時間で白く濁った濃いめのスープが取れるのがいい。あ、ガラと一緒に手羽先の先端部分も切り落として入れたい。

福岡でイベントをしたときに、地元でうまいと評判の肉屋さんへ行った。大将の威勢がよくて、気持ちがいい。

11 ガラは、首の部分もついているとよりよい。ざっと洗って水と一緒に鍋に入れて強火にかける。沸騰してきたらアクを取り除く。セロリなどの香味野菜や玉ねぎやにんじんの皮などのくず野菜を加えて煮立て、再びアクを取り除く。ブラックペッパー、ローリエなどを加えてフツフツと3時間ほど煮込んでできあがる。が、カレーに使うには味が繊細すぎる。

「カレーにするのに鶏ガラを買いに来ました」
「ガラだけじゃ味は出ないよ」
「え？　じゃ、どうしたらいいんですか？」
「手羽先の先を入れるんだ」
「手羽先の、先？」

冷凍庫を見ると、鶏ガラとは別に手羽先の先端部分だけを切り落としてどっさり集めた袋があった。これを入れたほうがガラよりも肉づきがいいからうま味が出やすいという。確かに手羽先の先はカレーの具にはしなくてもいいのだからスープに使うのがよさそうだ。

カレーを作るのにスープ（だし）を取ること自体、意外に思う人がいるかもしれない。面倒だな、と嫌がる人もいるだろう。でも、僕にとっては超がつくほど大事なことだ。

カレーのおいしさの根底を支えているのは、スープ（だし）のうま味[12]だから。

僕がカレーに求めるおいしさの筆頭は、スープのうま味だ。わたしは違う、という人もいるだろう。そう、正解はないからね。カレーという料理がなぜおいしいのかを長年考え続けてきたけれど、5つの要素に集約されると理解している。

12
日本人が他の国の人と比較しても特に敏感に反応するのが、うま味だと言われている。だからなのか、僕たち日本人は、無意識のうちにうま味を求めているんじゃないかと思う。

A　ベース→香味、うま味、甘味
B　スープ→うま味
C　スパイス→香り、辛み
D　具→素材の味
E　隠し味→コク、風味、酸味、甘味、苦味

「水野カレー」の材料を各要素にあてはめるとこうなる。

A　ベース→玉ねぎ、にんにく、しょうが、トマト、ヨーグルト、植物油、塩
B　スープ→丸鶏（ガラ、手羽先の先）、水、くず野菜
C　スパイス→ホールスパイス（カルダモン、シナモン、スターアニス）、パウダースパイス（ローステッドクミン、ローステッドチリ、パプリカ、コリアンダー、フェンネル、ブラックペッパー、フェヌグリーク）
D　具→丸鶏（ガラ以外）
E　隠し味→マーマレード、しょう油、ココナッツミルク

この要素でおいしいカレーを作るための方程式は、こうなる。

おいしいカレー＝（ベース＋スープ）×スパイス＋（具＆隠し味）

これを「カレーの法則・改訂版」[13]と呼んでおこう。

こうやって整理をしてみると、いろんなことが見えてくる。まず、かなりシンプルな材料だけで構成されてるな、と思う。スパイスの名前はずらっと並んでいるように見えるけれど、それでも合計10種類である。「厳選」と言ってもいいだろう。注目したいのは、化学調味料[14]、保存料、添加物関係がまったく入っていないということだ。どうだい？　この意識の高さ。

これは僕のカレーの好みがそうなのであって、その手の加工物を毛嫌いしているわけじゃない。たとえばインスタントのカップ焼きそばなんかを食べるときは化学調味料の味を気にはしない（しかもかなり好きな食べものだ）。意識は決して高くない……。

水野カレーに求めるのは混じりけのないスッキリと深いおいしさだから、余計なものが入ると邪魔になる。唯一、怪しい材料は、マーマレードくらいだろうか。僕の使っているマーマレードの原材料は、「しらぬい（国産）、砂糖、ゆず果汁」である。スーパーで一般的に売られているものを見てみると、たとえば「かんきつ類（夏みかん、ネーブルオレンジ、冬だいだい）、砂糖類（砂糖、ぶどう糖（液状））／ゲル

13 10年以上前に出版した自著『カレーの法則』では、次の方程式を発表している。おいしいカレー＝（素材＋だし）×スパイス＋隠し味。素材の部分にベースにするものと具にするものを入れ込んでいるが、具の調理も大事だと考え、少しだけ改訂した。各要素になにを選び、どう調理するかを突き詰めていくとカレーのクオリティは向上するのではないかと思う。

14 ご存じの通り、「うまい」と感じさせる、もしくは、その感覚を誘発させるために人工的に作られた調味料。僕自身は、毛嫌いしているわけではないが、得体の知れないものに支配されている感じがして、自分の中に無意識のうちに拒絶反応が生まれている気がする。

化剤(ペクチン)、酸味料」とある。

いつのころからか、僕はスーパーで買いものをするとき、手にした商品すべての原材料をチェックするようになった。似たようなことをしている人はいるだろう。健康に気を使っている、という点もあるけれど、僕の場合、本当の目的はそこにはない。自分が仮にそれを食べておいしいと感じるとしたら、そのおいしさはなにが原因なのかをつかみたいからだ。

カレーの正体を暴く

原材料をチェックして食べることを繰り返していくと、自分の好みを知るにはいいトレーニングになる。

カレー仲間のシャンカール[15]と一緒にデモンストレーション型の料理教室をしたことがある。彼が作ったマスタードフィッシュカレー[16]がものすごい人気で、生徒さんたちが口々に「うまい!」「うまい!」と興奮している。僕は、そばで調理を見て

15 シャンカール・ノグチ。インドアメリカン貿易商会の代表。インドのスパイスを輸入し、国内のレストランに卸す商売をしている。

16 東インドの都市、コルカタで一緒に習ったベンガル料理をベースにアレンジしたもの。

いたから、秘密は粒マスタード[17]にあるんだろうな、と彼が使っていたとあるメーカーの粒マスタードを手に取り、裏のラベルを確認した。

「原材料：醸造酢、からし、ぶどう発酵調味料、食塩、濃縮ぶどう果汁、植物油脂、砂糖、ぶどう糖果糖液糖、ポークエキス、ガーリックパウダー、（一部に大豆・豚肉を含む）」

粒マスタードなんだから、塩と酢とマスタードくらいがあればできそうではあるが、実際にはこれだけのものが入っている場合もある。さて、生徒さんたちはなにをうまいと言っているんだろうか？　何度も言うけれど、それがいいか悪いかは決められない。なにがどう機能しているかを知っておいたほうがいいということだ。シャンカールの名誉のために付け加えると、当然、彼のスパイスの配合や調理テクニックによっておいしいフィッシュカレーはできたわけだけれどね。

このように、あるカレーを作ったとき、食べたときに、それがおいしいと感じたならば、可能な限り使われているものを探ってほしい。素材の声が聞こえてくる。「わたしの好きなカレーにはなにが入っているのか？」という質問にごく単純に答えるなら、それは原材料表示にすべての秘密が隠されている。

たとえば、日本でロングセラーとして愛されている、とあるレトルトカレー[18]の原

17
シャンカールが作ったのは、マスタードフィッシュカレー。東インドのコルカタで一緒に習ったものをベースにしている。現地ではマスタードシードを茹でた青いマンゴーの実と一緒にペーストにし、たっぷりのマスタードオイルと一緒に使っていた。淡水魚のカレーには相性がいい。

18
ハウス食品の「カレーマルシェ」。レトルトカレーの世界で、もしかしたら最も多くの人に愛されてきたブランドかもしれない。ヨーロッパの雰囲気を盛り込んだリッチなイメージのカレー。

材料は、以下である。

マッシュルーム、牛肉、小麦粉、ホワイトルウ、りんごペースト、砂糖、チャツネ、ソテーカレーペースト、生クリーム、ウスターソース、ソテーオニオン、カレーパウダー、トマトペースト、食塩、バターミルクパウダー、チキンブイヨン、ガーリックペースト、しょうがペースト、でんぷん、酵母エキス、しょう油加工品、香辛料、チーズ加工品、調味料（アミノ酸等）、カラメル色素、乳化剤、香料、酸味料、香辛料抽出物、（原材料の一部に豚肉を含む）

このレトルトカレーがいちばん好きだ、という人は多い。その人たちは、いったい、なにをおいしいと思っているんだろうか。それは原材料を見ていくと読み解けることもある。ははぁ、自分はこの味が好きなんだな、と。

これを僕は「カレーの正体を暴く」[19]行為だと思っている。

レシピ本に書かれた材料表記は、マスキングされている成分がある。材料をすべて揃えてから作り始める際に材料ではなく原材料をチェックするようにしよう。すると、そのカレーを構成しているすべての要素を余すことなく把握できる。

19 水野カレー最大の特徴は、素材の持ち味を活かすことにあるのかもしれない。油と塩と水以外には、肉や野菜などの素材だけを使って作るからだ。この場合、マスキングされている成分はどこにもない。ところが、主に加工食品、加工調味料を使うカレーなら、かなりの成分が背後に隠れていることになる。水野カレーでもマーマレードやしょう油は買うときに原材料を気にしたい。

カレーの裏側に隠された秘密を知りたければ原材料を見ればいい。

さらに言えば、その原材料を並べて考察しただけでは想像できないおいしさが生まれることがある。それは調理テクニックのなせる業だ。だからいいレシピに出会ったら、あとは、ここを磨くに限る。

水野カレーについても材料にはいくらでもアレンジの余地がある。僕は意図的に原材料に化学調味料や添加物の使われたものを避けている[20]が、それを気にしない、もしくは、それが入ったおいしさを求める人なら、材料を少しだけ変えればいい。たとえば、「トマト」を「トマトケチャップ」にし、「スープ」を「チキンブイヨンの素」としてみよう。原材料の比較はこうなる。

◎水野カレー

【原材料】

・トマト

・スープ（丸鶏のガラ、手羽先の先、水、くず野菜）

◎アレンジカレー

20 自分との闘いとでも言うべきか。簡単においしさを生み出せるアイテムを使ったら負けだ、みたいな感覚が僕の中にある。

【原材料】
・トマトケチャップ→トマト、糖類（砂糖・ぶどう糖果糖液糖、ぶどう糖）、醸造酢、食塩、たまねぎ、香辛料
・チキンブイヨンの素→食塩、砂糖、デキストリン、牛脂、でん粉（小麦）、粉末しょうゆ（大豆含む）、シーズニングパウダー、配合調味料、たまねぎ、酵母エキス、にんにく、調味料（アミノ酸等）、カラメル色素、クエン酸、香辛料抽出物、香料、酸化防止剤（ビタミンE）

一見、同じような材料で作ったように見えるカレーでも、こんなに差が出る。この差を意図的に利用することもある。たとえば、トマトの濃縮ペースト[21]（原材料はトマトのみ）の代わりにトマトケチャップを入れてタンドーリチキン[22]を作ると、「うまい！」という反応が急増したりする。イベントに出すときなんかに「わかりやすく喜んでもらいたい」と思うとたまにこういう手を使ったりもする。ああ、これは内緒にしておくんだったかな。

（ベース＋スープ）×スパイス＋（具&隠し味）。

これからカレーを作るとき、材料を揃えたら、この5つの要素のどこに当てはまるのかを整理してみれば、カレーをおいしくしているものについての謎が少し解ける

21 よく使っているのは、カゴメのトマトペーストで、6倍濃縮。ちなみに同じくカゴメのトマトピューレは3倍濃縮。濃縮比率を把握しておくと使用量をコントロールできていい。

22 マリネするときに最も大事なのは、ヨーグルトの量を減らすこと。「そんなに少なくていいの？」というくらいの量。800g〜1kg程度の鶏肉に対して100gのヨーグルトでいい。そのほうがマリネ液の味がしっかり肉にしみこむ。粉チーズやマスタード油を混ぜ合わせると超おいしくなってしまう。

るだろう。

いきなりスープを取ってみる

小さな寸胴鍋の中で鶏ガラはポコポコと音を立てて踊っている。そういえば、なぜ、いきなりスープを取ってみたりするんだろうか。これには訳がある。料理の組み立てが上手な人はこんなことを意識している。

時間のかかるものから手を付け、時間のかからないものを後回しにする。

なんだ、当たり前じゃん。でもこの手順の再設計は意外と難しい。カレーを作るのにかかる時間は、平等のようで実は不平等だ。人によって違う時間が流れている。たとえば、食材を切るのに5分、玉ねぎ炒めに30分、スパイスを計量してブレンドするのに5分、具をマリネするのに1時間。焼くのに20分。スープを取るのに2時間、すべてを合わせて煮込むのに15分かかるとする。頭から順に手を付けていけば、作り始めてからカレーができあがるまで、4時間15分かかる。

でもスープを取る準備を真っ先に手を付けて、そこからスープができあがる2時間の間にその他すべてのプロセスをせっせと進めたらどうだろう。そうしたら4時間15分かかるカレーが2時間ちょっとでできあがることになる。

しかも、煮込みもマリネもつきっきりでなくてもいい。鍋に水とガラを入れて火にかけ、肉とヨーグルトを揉み込めば、あとは放置できるのだ。時間が解決してくれる。

そう、カレーは時間の経過がおいしくしてくれる料理だ。

でも、その時間は組み立て方次第で長くも短くもなる。

肝心なのは、キッチンに張り付いて手を動かしていなければいけない時間がどれだけなのか。肉にヨーグルトを揉み込む時間はせいぜい3分だろう。それを前日の夜にやっておけば、翌日の夜に焼くときまでに24時間もの間マリネ[23]できる。焼く5分前にやれば、マリネ時間はたったの5分だ。前夜にやるか今夜にやるかで仕上がりの味わいに雲泥の差が出るなんてことは、レシピ本は教えてくれない。だからここに書いておくことにしよう。

23 インドで初めてタンドール料理を出した、と言われている（自称している?）、デリーの「モーティマハール」でタンドーリチキンの作り方を習ったことがある。シェフは、マリネ時間について「48時間がベスト」と言っていた。本当かどうかわからないが、48時間漬け込むと24時間のときよりも味に深みが出る実感がある。

2.

玉ねぎは炒めないことにした

謎だらけの玉ねぎワールド

「玉ねぎが沈むんです。見たことありますか？」

工場長がでっかい水槽の中を指さしてそう言った。僕はなにを言ってるのかよくわからなかった。玉ねぎが沈む？　確かに目の前の青い水槽には、いくつもの玉ねぎが沈んでいる。浮かんでいる玉ねぎもたくさんある。ん!?　玉ねぎって浮かぶんだっけ？　沈むんだっけ？　どっちが珍しいんだ？　玉ねぎが沈むってことは……。

「あー、あれ？　沈んでますね」

しょうもないリアクションをする。そうか、しばらく経ってから腑《ふ》に落ちた。生の玉ねぎにはかなりの水分が含まれている。玉ねぎが重たいのはそのせいだ。その水分は水と同じ重さだとして、水分を除いた玉ねぎの部分は水より軽い。だから、普通、玉ねぎは水に浮かぶのだ。

そういえば、丸のままの玉ねぎを水に浮かせたことなんてなかったから、玉ねぎが沈むことの不思議さがいまいちわからなかった。よく考えてみれば変だ。もう一度、水槽の中をのぞく。確かに玉ねぎは沈んでいる。な、なんじゃこりゃあ！

「どうしてこうなるんですか？　密度が濃いってことですよね？」

「そうなんですよ。いろんな農家さんから玉ねぎが届くんですけど、ある農家さんからの玉ねぎだけが沈むんです」

「どうしてなんだろう」

「それが、その農家さんもわからないって言うんです」

「特徴があるんですか？」

「甘いんですよね。通常の玉ねぎが糖度7％ほど。この沈む玉ねぎは、糖度が8％あるんです」

「へえ！」

「きっと土壌が違うんでしょうね」

視察と試作のために訪ねた旭川のソテードオニオン工場でそんな体験をした。工場長とはその後、ソテードオニオンの試作[24]をして、それから、玉ねぎの切り方と加熱の方法についてあれこれと議論した。専門家とのこういうやりとりは僕の大好物である。


小さな疑問を解き明かそうと話を進めるとパッと視界が開けるような瞬間があり、その先にまたいくつかの疑問の扉が現れる。どれかを開けると未知の世界が広がり、別の扉を開けると果てしない一本道が続き、また他の扉を開けると前にいた場所に

24
玉ねぎをできるだけ大きいサイズにみじん切りし、油を使わず、蒸気釜で加熱していく手法を試した。結果、従来、この工場で採用されていた手法で加熱するよりも、「同じ糖度なのによりまろやか」な玉ねぎを作ることができた。

戻っていたりする。延々と繰り返していると迷子になりそうになる。議論や会話はLIVEだから、考え込んで黙るわけにはいかない。しゃべりながら頭の中では別の思考を巡らせたりして、右往左往しながらも、見えないゴールに向かって進んでいく。

いつも完璧な答えが出るわけではない。むしろ、答えなんて要らないのかもしれないとも思う。でも、たとえば玉ねぎをめぐるこのめくるめく世界のひとつの歩き方が世の中に提示されるだけでも、大きな意味がある。

工場長と話し込んだ時間は30分ほどだったが、この会話は、きっと全国のカレー屋さんが知りたくてうずうずしていることなんじゃないかと思う。僕は、いろんな場所を訪れていろんな人に会って、小さな疑問の扉をノックしたい。そうやって歩いた旅路を、足跡をアウトプットしていきたい。きっとそれは楽しくてたまらないライフワークになるだろう。

沈んだ玉ねぎを見て、新しいアイデアが浮かぶ。こんなこともあるんだなぁ。

カレーをおいしく作ろうと思ったときに、玉ねぎを炒めるというのは、ほとんど常識とされているプロセスだ。キツネ色になるまで炒めたり、アメ色になるまで炒めたりすると、うま味や甘味が増幅する。これがカレーをおいしくするわけだ。

毎週火曜日の朝にとあるネットメディアで「カレーにまつわるいろんな問題」について、勝手に記事をアップしている。これまで70を越えるテーマを設定し、考察してきたが、玉ねぎに関する問題を取り上げたときは、他と比べて反響が圧倒的に大きい。

「玉ねぎを冷凍したらアメ色に炒めやすくなるのか？　問題」について書いたことがある。このことは気になっていたけれど、なんとなく玉ねぎを冷凍する[25]というやり方が好きになれず、放っておいたテーマだった。それを実際にやってみようと思った本当の理由は、ＮＨＫの某番組に出るにあたって、ディレクターと打ち合わせしている中で、撮影でこのことを取り上げてみようかという話になったからだ。

結論だけ言えば、冷凍は効果があるということがわかった。ただ、効果があったからといって、今後、僕がそれを採用する気はない。こういう素直じゃないところはいかがなものか、と思うのだけれど、なんとなく玉ねぎ冷凍からの炒めは今後も採用しないと思う。ただ誰かが喜んでくれる可能性が高いと判断すれば、手法のひとつとして紹介することはありそうだ。そうすると、きっと「あいつ、玉ねぎを冷凍なんかしてやがったぜ」という冷ややかな反応もどこかに出るのかもしれない。

まあ、別に深刻に考えているわけではないけれど、そんなふうにアウトプットをしていくと、この世の中の片隅に、玉ねぎを冷凍にする水野と冷凍にしない水野の

25 カレーのベースにする玉ねぎを加熱するときのポイントは、「脱水」である。玉ねぎの水分をいかに効率よく抜くことができるか。その点、スライスなり、みじん切りなり、くし形切りなりした玉ねぎを冷凍するのは有効だ。炒めながら解凍していく段階で玉ねぎの中にあった水分が短い時間で抜けていく。一方、電子レンジで加熱する方法も有名で試してみたが、こちらはあまり効果がなかった。

ふたりが存在することになる。しかも、自分では玉ねぎを冷凍したくないのに人には冷凍をオススメしている水野というのも存在することになる。冷凍人間・水野。キャラクターでも描いてもらおうか。

冷凍はしないけれど玉ねぎの炒め方についてはずいぶん、試行錯誤を繰り返してきた。10年ほど前にたどり着いた結論は、「玉ねぎは強火で焼きつけるように炒める」というものだった。弱火で長時間、焦がさないよう丁寧に丁寧にというのではなく、強火にかけ、できるだけ触らず、まるでステーキを焼くように玉ねぎの断面をこんがりと色づけていく。少々焦げてしまっても構わない、というくらいの気持ちで強気に火を入れる。この強気がなかなかできない。音を聴き、匂いを嗅ぎ、よく見て観察をする。焦げそうになるギリギリ手前まで我慢するためだ。もうヤバい！となる直前にかき混ぜたり鍋を振ったりする。これがとてもいい。

メリハリの効いた香ばしさが生まれ、うま味や甘味が引き立つ。優しい火でなでるように炒めていたらどちらも出にくいから「強火で焼きつけ」[26]手法は、かなり効果的。玉ねぎ炒めは、これに限ると思っていた。ただ、「ギリギリまで我慢する」というのが実は勇気が要ることで、経験や実力も問われるのだけれど。

26
強火でなるべく放置して、玉ねぎの表面をこんがりと焼いていく感覚で炒める方法だ。加熱が進むにつれて火は少しずつ弱めていき、木べらを動かす手を少しずつ忙しくしていけばいい。弱火で長時間炒める手法と、厳密には効果が少し異なるが、どちらもおいしい炒め玉ねぎができる。

玉ねぎとの付き合い方

かつて、アイルトン・セナという男がいた。大学時代、夜中にF1レースをテレビで観るのが好きだったのだが、当時、最速だったレーサーだ。「音速の貴公子」の異名を取る、フォーミュラ界のレジェンドである。セナが勝てないレースなんてあるんだろうか、というほど圧倒的に速かった。

あるとき、セナがインタビューに答えていた。

「どうしてあなただけがあんなに速く走れるんですか？」

セナの答えがすごかった。

「ブレーキを踏まずに我慢できるからさ」

ええ!? 別次元にいる人間は、話す言葉も意味がわからない。

コーナーを曲がるときの鉄則として、〝スローイン・ファーストアウト〟というのがある。ブレーキを少しずつ踏みながらコーナーに入り、出るときにアクセルを踏み込む。

F1マシーンのスピードでコーナーに差し掛かるのは、全速力で壁に向かっているような状態で、素人ならほとんど自殺行為のようなものだ。ものすごい恐怖心にレーサーでさえ「早めにブレーキを踏みたい！」とどこかで思う。でも、セナは、それを誰よりも勇敢にブレーキを踏まずにギリギリまで我慢できるというのだ。

当時は、なんだかすごいなぁ、くらいの印象だった。ところが折に触れ、彼の言葉が僕の頭に浮かぶようになり、あるとき、ハッと気がついたのだ。そうか！　これ、玉ねぎ炒めと一緒じゃないか！　セナがブレーキを踏まないで我慢するように、誰よりも玉ねぎをギリギリまで触らず我慢できれば、カレーはおいしくなるのだ。玉ねぎ炒めはセナスタイルで。これが水野家の家訓となった。

残念なことに、あんなに素敵なことを言っていたセナは、あるレースでコーナーを曲がり切れず、壁に激突して亡くなった。その瞬間をテレビで観ていた僕はあまりのことに言葉が出なかった。不謹慎な話かもしれないけれど、玉ねぎ炒めで焦がしても命に関わることはない。挑戦する価値は大きいと思う。

あのお、すみません、水野さんが「焦がしてもいいくらいの気持ちで」と言うからそうしてみたら、ホントに焦げたんですけど。……とか言われたらいやだな、という気持ちが以前はあった。でも今は違う。一度、焦がしてみたらいいんじゃない？と思う。もったいない気はするけれど、「今日は玉ねぎを焦がす日にしよう」と決めるのだ。そして、勇気を持って焦がしてみる。玉ねぎの限界を知るために。なるほど、ここまでやると焦げるんだな。それがわかると気持ちが楽になる。塩梅や加減がわかるというのは、おいしいカレー作りにはとても大事だ。

なんなら、そのままカレーができあがるまで続けてみたらどうだろうか。こんな疑問を抱きながら。

わたしの〝焦げる〟は本当に焦げているだろうか？

焦げるという感覚[27]は人それぞれ、みんな違う。10人の前で僕が玉ねぎを炒めていったら、10のタイミングで「ああ、焦げた！」と言われるだろう。しかも、どのくらいの範囲がどの程度まで焦げたかによってもカレーの味に及ぼす影響は変わる。意外と焦げてもおいしいカレーになるんだよね、と僕は思っている。

落語が好きだ。

戦後の大名人に8代目桂《かつら》文《ぶん》楽《らく》という落語家がいた。完璧主義の彼は、晩年、高座に上がり、「大仏餅」の噺の途中で絶句した。登場人物の名前を忘れてしまったのである。ここで彼は客席に向かって深々とお辞儀をし、「勉強し直してまいります」と言って舞台のそでに消えた。その後、二度と高座に上がることはなかったという。

27
焦げるには3種類の状態がある。まずはじめに「焦げ色」がつく。完全に焦げてしまえば真っ黒（ゴリラ色）だが、焦げ茶色（ヒグマ色）からそこに到達するまでにかなりの時間がある。次に「焦げ臭」がする。これも、ほんのり香る程度とまあまあ焦げ臭くなるまで段階がある。最後に「焦げ味」が生まれる。ここまで行くとさすがにカレーの味に影響する。焼き肉屋さんで焼いている肉を食べられるレベルを玉ねぎに置き換えてほしい。そこまでは大丈夫、ということ。

落語界では伝説と化している逸話だ。

一方、桂文楽と並び称される落語家に5代目古《こ》今《こん》亭《てい》志《し》ん生《しょう》がいる。こちらの芸風は打って変わって八方破れ。桂文楽と同じように高座で絶句したことがあった。ところが彼は、「ん〜、なんかお侍さんの名前」などといった調子でとぼけて見せ、大爆笑を取ったそうだ。もちろん現役を続行した。

完璧主義の桂文楽と八方破れな古今亭志ん生。どちらも魅力的な落語家だ。玉ねぎ炒めには、桂文楽派と古今亭志ん生派がいる。

桂文楽派は、少しでも玉ねぎを焦がしてしまったら捨てて最初からやり直す人だ。いや、二度とカレーは作らない人ということかもしれない。まあ、それもひとつの選択。絶対に焦がすまいと慎重に炒めていく繊細さをもってすればカレーもおいしくなるだろう。

古今亭志ん生派は、少々焦がしても気にしない。焦がしたら焦がしたなりにおいしいカレーになりますよ、という人だ。応用力や創造力を駆使すれば、焦がしたからこそこの味になった、という意外なおいしさのカレーにたどり着くことだってある。

この話をしたら、落語好きの友人がおもしろがってくれた。

「だって志ん生師匠は、高座の途中で居眠りしてもお客さんがニコニコ見守ってたって言うからね」
そうか、志ん生クラスになると最終的にカレーが完成しなくてもお客さんがおいしく食べたような気持ちになったりするのか。すげー。だからというわけじゃないが、僕は古今亭志ん生派である。カレー作りはある程度成り行きに任せることにしている。だから二度と同じカレーは作らない。あ、いや、作れないってことになるのかな。

昔、料理家のケンタロウさん[28]が、雑誌で、「ケンタロウのないならないであったらあったで」というタイトルの連載をやっていた。わかるわー！　と僕は激しく共感した。イベントなどに呼ばれても僕はその場にある食材やスパイスでカレーを作るのが好きだ。応用力が問われるし、それができるのは実力があってこそなのだが(自分で言うなよな)、ともかく、制約があったほうが僕は燃える。

でも、たとえば、カレー仲間のナイル善己くん[29]は違う。フレッシュのグリーンチリがないだけで不機嫌になり、トマトがなくてホール缶で代用しなきゃいけなくなっただけで、ずっとぶつぶつ言っている。逆に言えば彼の中には完璧なカレーの姿が描かれているからであり、「そこは譲れないよ」というプロ魂がそうさせている。

28
『小林カレー』(幻冬舎)というレシピ本を過去に出していて、あれは傑作だったと思う。ケンタロウさんにしかできない一種の〝芸〟のようなカレーとの関わり方。僕がこれまでに目にしたどのカレーレシピ本よりも素敵だと今でも思っている。

29
日本でいちばん歴史のあるインド料理店「ナイルレストラン」の3代目。インドで1年間、料理修業をした経験を持つ実力者。

蒸し煮して蒸し焼くのだ

さて、玉ねぎ炒めは強火でこんがりと火を入れていくことが極意だと見つけて以来、ずっとそのスタイルでおいしいカレーを次々と作ってきた。少なくとも、2017年の途中まではそれでよかった。ところが、刺客が現れたのだ。突然、降って湧いたわけではない。昔からずっとモヤモヤしていたことがあり、検証していくうちに別の手法が見えてきた。

そして、ついに僕は、玉ねぎを炒めないことにした。

とっかかりは玉ねぎの切り方に対する疑問だった。カレーを作るときは決まってみじん切りか薄切りにしていた。この「決まって」という感覚が僕の敵で、「そういうことになっているからさ」とか「そういうもんだからさ」みたいに思考停止している作業が気にくわない。たいていどこかで「これでいいんだろうか?」と疑問を持ってしまう。

なぜ、なぜ、なぜ、とつい考え込んでしまうタイプなのだから仕方がない。たとえばジョギングがそうだ。健康のためにジョギングをしようと思って始めたことがこれまで20回以上ある。20回以上あるということは、続かなかったことも20回以上あるということだ。いつも必ず半年以内にやめることになる。理由は、ジョギングをしている最中に「いったい僕はなぜ走っているんだろうか？」と考え込んでしまうからだ。結論は、「やっぱ、走らなくていいよね」となる。

こういう性格はあまりプラスではないのだけれど、カレー作りには功を奏しているようだ。カレーを作る。玉ねぎを切る。4、5人分や10人分程度のカレーならまだしも、イベント用に50人分とか100人分とかを仕込むことになると、一度に20個とか30個の玉ねぎを切る。みじん切りを20個分せっせとやるのは切ない。

切っている最中に「なぜ玉ねぎをみじん切りにしなくてはならないんだろう？」といつものクセが出てしまった。そもそもなんのために僕は玉ねぎを切るんだろうか。なんのためにカレーに玉ねぎを使うんだろうか。加熱してつぶし、甘味を引き立てうま味を凝縮するためだ。じゃあ、そのために玉ねぎが小さいほうがいい理由はどこにあるんだろうか？　そこで答えが見つからず、僕は固まってしまった。

カレーの玉ねぎは、細かく切らなくてもいいんだ。

むしろ、細かく切らないほうがおいしくなるんだ。

30
だいぶ前に「新宿中村屋」のかつての総料理長が、「玉ねぎのみじん切りは、細かくしすぎると甘味が出にくい。粗みじん切り程度がいい」と言っていた。な

[30]僕は玉ねぎを大きく切ることにした。くし形切りか4つ割りくらい。とにかく大雑把に大きく切る。ああ、楽だ。そして、炒めるのではなく、蒸し煮（蒸し焼き）にした。

　鍋にポンと放り込み、塩を振って水を少し入れる。そのままふたをして強火で蒸し煮にする。クツクツと玉ねぎは音を立てて煮えていく。[31]塩の浸透圧の効果で玉ねぎ自身の水分が出やすくなっているから、途中から玉ねぎは自分の水分で自分自身を煮込んでいくような状態になる。

　くたっとするほど柔らかくなったところでふたを開け、そこから強火のままで鍋中にたまった水分を飛ばす。水分があらかたなくなると、今度は鍋底や鍋肌にくっついた玉ねぎが焼かれていく。するとこんがりと色づき始めるのだ。これなら油を一滴も使わず玉ねぎを濃縮させられる。細かく刻んで炒めるよりもはるかに玉ねぎ自体の味わいや[32]甘味が引き立つことが実感できた。今の僕には最も合理的な玉ねぎとの向き合い方だ。玉ねぎにおける僕のセンスと言い換えてもいい。

　放置しておけばいいというのも気に入っている。ふたをして蒸し煮、蒸し焼きにするわけだから、木べらを片手に真剣な目つきで鍋に向かう必要はない。洗い物をしたり別の素材を切ったりできる。「カレー作りは玉ねぎとの格闘だ」という従来の呪縛《じゅばく》からみんなを解放することができるのだ。まあ、僕自身がこれまで長年にわ

るほど、と思った。旭川にある玉ねぎ加工会社の工場で、サイズと甘味の出方をテストしたことがある。やはり、玉ねぎは細かく切りすぎないほうが甘味や滑らかさが圧倒的に強かった。

31
塩には「振りかけた素材に含まれる水分を外に出す」という役割がある。これによって、単純に脱水することもできれば、味を引き出すこともできる。そのため、ベースとして味を濃縮させたい玉ねぎを効率よく脱水させる方法としてこのタイミングで塩を加えるのが効果的。僕はカレーに使う塩の半量ほどをここで加えることにしている。

32
化学的な根拠を得るところまではたどり着いていないが、「玉ねぎを細かく切りすぎないほうが甘味や玉ねぎ本来の味わいが出やすい」という意見は、新宿中村屋の前料理長や共栄堂の現オーナーシェフなどからも聞いたことがある。

たって玉ねぎとの格闘をしてきたわけだから、「玉ねぎさん、もうよしとしてよ」って感じかな。

その玉ねぎは何色なのか?

水分の飛んだ玉ねぎが、だんだん色づいてきた。ここからどのくらい焼いていこうかな。この玉ねぎは最終的に完成したカレーソースに溶けてほしい[33]と思っている。玉ねぎをどうしたいのか、玉ねぎにどうなってほしいのかを考えることが大事だ。このあと、油と融合させるプロセスへ進む予定だから、キツネ色のちょっと手前くらいでとめておこうか。

ところで、本物のキツネって見たことある? 見たことある人、キツネを最後に見たのはいつ? ん? そういえば、思い出せないな。その辺にいる動物ではないから、おそらく小学校のときに遠足で行った動物園が最後の記憶とか、そんなレベルなんじゃないかと思う。じゃあ、「玉ねぎをキツネ色になるまで炒めてください」って言われて「はい、わかりました」って、いったいなんでわかるのだろう。

33
炒めた、もしくは加熱してつぶした玉ねぎは、カレーのベースになる。その後、水分が入って煮込みが始まると、鍋の中で底のほうに沈殿し、上部にあるソースよりも強い火が当たることになる。この段階でも玉ねぎはつぶれていく。結果、カレーソースに溶けてなくなる確率が高まるのだ。だから、僕は煮込み中に鍋をかき混ぜすぎないように気をつけている。

キツネの色を正確に思い出せる人はどれだけいるんだろう。僕はあるときからデモンストレーションなりトークイベントなりで、スライドにキツネの画像を忍ばせておくようになった。写真を見ればどんな色かの説明がつきやすいからだ。

キツネ色はそれで良しとしよう。次に問題になるのは、アメ色である。アメ色って……。最近のアメの色、どんなかわかる？　たとえばネットの画像検索で「アメ玉」とかで検索してみてほしい。目がチカチカするほどカラフルなアメ色に出会えるだろう。今のアメは昔のアメとはまるで違う。じゃあ、「玉ねぎをアメ色になるまで炒めてください」って言われて「はい、わかりました」とはやっぱりならないんだよね。

玉ねぎの色味については、表記があれこれありすぎて、いつも困っている。たとえば色味の明るいほうから、「しんなり透明」「ほんのり茶色」「キツネ色（黄金色）」「濃いキツネ色」「アメ色」みたいな表現が割と多いと思う。でもなんとなくしっくりこない。色のイメージがしにくいからだ。

ついでに文句を言わせてもらえば、「キツネ色だったものがアメ色になる」という感覚が解せない。キツネがアメになるんだよ。そこは動物で行こうよ、キツネだったんだから。いつのころだったか、ふとそう思ったんだ。それからというもの僕は本気で考えた。何日も。それこそネットでありとあらゆる動物を検索して色味をチェックした。そしてついに玉ねぎの色に関する新しい尺度を生み出すことに成功したのだ。さあ、発表しよう。

ウサギ色……しんなり透明の手前（白〜透明）
イタチ色……ほんのり茶色
キツネ色……キツネ色（黄金色）
タヌキ色……濃いキツネ色（茶色）
ヒグマ色……アメ色（焦げ茶色）
ゴリラ色……焦げた黒色

どうかな。料理教室で披露すると、めちゃくちゃ盛り上がるんだけど。これを元に今僕は、オニオンカラーチャート[34]というアイテムの制作を進めようとしている。自分で炒めた玉ねぎを原寸大で写真に撮り、動物の写真と一緒に並べて小さなパネルにして、キッチンに吊るしておけるようにしたい。そうすれば、みんな、玉ねぎを炒めながら、「まだタヌキ色にならないな」なんて比較ができるのである。

キツネという動物が、アメ玉になることが解せないと言ったら、ある人に「でもさ、キツネって化けるよ」と突っ込まれた。ああああ、確かに。じゃあ、キツネさんに

34
この企画はもう7年ほど前からあるのだけれど、いまだに実現していない。早くしなきゃ、と焦っている。

は、タヌキさんやヒグマさんに化けてもらえばいい。ゴリラさんになるのはやめてよね、焦げちゃうから。そう言ったら、「タヌキだって化けるじゃないか」とまた突っ込まれた。だったらタヌキにはヒグマに化けてもらえばいいんだよ。もうさ、化けるの、よそうよ。

玉ねぎのメイラード反応

蒸し煮、蒸し焼きした玉ねぎの水分が飛び始めてくると、鍋[35]によって鍋底や鍋肌に玉ねぎがくっつきやすくなってくる。だから木べらを動かす手を早めるのだけれど、心配なら油を少々足してもいい。滑りがよくなって火を入れやすい。鍋中の玉ねぎは形が崩れ、大きく切ったはずなのにペチャッとつぶれた状態になってきているだろう。このときに、冒頭で抱いた疑問をもう一度思い出す。

玉ねぎを細かく切る必要はあるんだろうか？　ないよな、と独り言をつぶやこう。スプーンで少しだけすくって味見をしてほしい。「甘い！」と感じてもらえるはず。そう、玉ねぎの甘味はこの調理プロセスでも十分に出るのだ。

35 鍋の材質や形状については、どれだけテストしてきたかわからない。カレー専用の鍋をオリジナルに開発する機会を得たとき、その経験が生きた。結果、「水野仁輔 カレーの鍋」は、鉄にアルミを巻き、表面にフッ素樹脂加工した鍋に仕上がった。だが、最近は、厚手のステンレスも気に入っている。ちなみに家庭用レベルの量でカレーを作るときには、片手鍋がいい。炒めるプロセスが大事になるからだ。

玉ねぎの糖度については、ずいぶん昔からあれこれとトライアルを繰り返してきた。合羽橋の道具街へ行ってまあまあ高価な糖度計を買ってきて、いろんな切り方や加熱の仕方をしながら糖度を測ってみたりした。加熱すればするほど糖度が高まることがわかったが、それが調理方法や調理時間と必ずしも連動しないこともわかった。

弱火で長時間じっくり炒めるのが最も甘味が引き立つわけではない、ということがわかっただけでも収穫があった。もっと具体的なことを知りたくなって、玉ねぎの加熱による状態の変化を研究し論文を出している大学教授を取材したことがある。そこで見せられて愕然《がくぜん》としたのは、「玉ねぎは加熱しても糖度は変わらない」という研究結果だった。

生玉ねぎもヒグマ色玉ねぎも同じ糖度だという。

玉ねぎを加熱して甘味が引き立つのは、３つの理由がある。ひとつは、酸味、辛み、苦味などが加熱によって薄らぐため、相対的に甘味が引き立ちやすく、感じやすくなる。もうひとつは、キャラメリゼ[36]と呼ばれる反応によって甘味を強く感じるようになる。３つめは、玉ねぎの総量が減るため、甘味自体も濃縮される。

ただ、この糖度にはちょっとしたからくりがある。グラム当たりの甘味は強まっているが、水で戻せば甘味は変わらないことになる。伝わるかな。２００ｇの玉ね

36 ある素材の糖類が化学反応を起こし、こんがりと色づく現象のことを言う。香ばしい香りと甘味が引き立つことでよりおいしさを感じやすくなる。プリンの上(下?)の焦げ茶色の部分の味を思い起こしてもらえるとイメージしやすい。化学反応の結果、ブドウ糖が生まれているという説もあり、これがうま味の原因になっているのかもしれない。

ぎが持っている糖度が5%だったとする。100gになるまで加熱して水分を飛ばしたら甘味は10%になる。でも、100gになった玉ねぎに100gの水を足して混ぜ合わせたら糖度は5%に戻る。どうして水で戻す必要があるの？　玉ねぎは加熱してもグラム当たりの糖度は変わらない、ということを理解してもらうためだ。

玉ねぎをアメ色（ヒグマ色だけどね）になるまで炒めるとカレーがおいしくなる、とよく聞く。それは、1人前当たりどの量の玉ねぎを使うかによって違う。たとえば、200g（中玉1個）の玉ねぎで2人分のカレーを作るとしよう。100gになるまで加熱して糖度10%にした玉ねぎとさっと加熱しただけで200gのままの玉ねぎをそれぞれカレーにするときには、当然、100gの玉ねぎカレーのほうが水分を多く入れないと同じ量のカレーにならない。200gの玉ねぎのほうがそれほど水分を入れなくても2人分のカレーに十分な量になる。結局、そのカレーの中に玉ねぎが生み出す糖度は、5%で同じになるのだ。

仮に糖度10%にまで煮詰めた玉ねぎを倍量、200g使ったカレーを作ったら、そのときは、カレーに含まれる糖度も倍になる。そうすれば濃厚なカレーになるのは当たり前のことだ。

要するに玉ねぎは加熱によってそれまでなかった甘味が生まれるのではなく、もともとあった甘味をより強く感じやすくなっている、というわけ。

そもそも玉ねぎの甘味って好き？　それを自分に問いかけるのが大事かな。僕はそれほど好きなわけではない。食べてみればわかる。ジャムのような濃厚な甘味。それは僕のイメージするカレーにはそれほどたくさんは必要ないなと思っている。じゃあ、玉ねぎは加熱する必要すらないの？　そうではない。やはり、僕は濃く色づけたほうがおいしく感じる。主な原因は、メイラード反応[37]と呼ばれるものだ。玉ねぎに含まれるアミノ酸と糖分が化学反応を起こしておいしさを作る現象だ。肉の表面をこんがり焼くのも、メイラード反応だ。しょう油やコーヒーや赤ワインなど、色が濃くなっているものはこの反応が起こっている。

僕は青森県、田子町でにんにくを作っている種子くんと「メイラード兄弟」というチームを結成している。彼の作る黒にんにくは、うま味が強く、贅沢だがカレーに入れるとすごくおいしい。カレーをおいしくするメイラード反応を一緒に追究していこうと思っている。いつぞやに流行した宇宙兄弟みたいなノリでメイラード兄弟と名付けたけれど、今のところ残念ながらブレイクする予兆はない。

玉ねぎの甘味は引き立ちすぎてほしくない。でもメイラード反応による香味やうま味は欲しい。それが僕の好み。だから、蒸し煮、蒸し焼きにしてから表面を全体的に色づける、というのがベストなのである。

37　ある素材を加熱したときにアミノ酸と糖分が化学反応を起こし、メラノイジンという物質を生み出し、褐変することを言う。肉を焼いて表面がこんがりするのも同じ。チョコレートやコーヒー、みそ、しょう油など、色づいておいしいものはこの反応が起こっている場合が多い。

epicurean

3.

キッチンに立って はじめに するのは？

おいしいカレーを作るコツ

Q おいしいカレーを作るためにどうしたらいいですか？

A できあがりのゴールイメージを具体的に持つことです。

おいしいカレーを作れるようになりたいなら、これに限ると僕は思っている。これから作るカレーは、どんな見た目で、どんな香りがして、どんな味わいなのか。口に入れたらどんなテクスチャーがあって、ごくりと飲み込んだらどんな気分になるのか。できるだけ具体的に、かつ抽象的にイメージする。キッチンに立って目を閉じてたりなんかしたら、他の人が見たときに「大丈夫かしら、この人」と思うかもしれない。それでもいいからここはキッチリやろう。

水野カレーは、こんな感じだ。

一見、茶色っぽく見えるカレーソースの表面に深みのある濃いオレンジ色をした油脂分がポツポツと浮かんでいる。眺めていると「夕焼けってこんなに赤かったたっけ？」なんて気分になるような色味だ。

濃度はシャバシャバとトロリとの間、サラリとした感じだ。スプーンですくって傾けたらほんの少しトロリとしたニュアンスを残しながら鍋に戻っていく。表面に浮いた油脂分のせいかツヤツヤと輝いて見える。適度に膜を張ってくれているから中は熱々に保たれたままだ。

具には大小、形もさまざまな部位の鶏肉がゴロゴロ。それ以外の〝障害物〟はなにひとつない。大ぶりの鶏モモ肉を見つけると、僕はこれから鶏肉を食べるんだな、と気持ちが盛り上がる。ご飯、ご飯をくれー！

香りの中心は、チリとパプリカの香ばしい香り。鼻を近づけて思いっきり吸い込んだらむせてしまいそうなほど刺激的だ。慎重に香っていると、奥のほうにコリアンダー、カルダモン、フェンネルの爽やかで甘い香りがやってくる。これらは僕の好きな癒しのスパイス3種だ。ほのかに香るこの香りを嗅ぎ分けられることにちょっとした優越感がある。

口に運ぶと瞬時に消えてなくなるわずかな甘味。ゆったりと流れる大河のように玉ねぎとトマトのうま味が効いている。少し遅れて、じわりじわりと迫ってくる鶏ガラスープのしっかりとしたうま味が、僕に至福の時間を届けてくれる。「これだよな」と思わず声が漏れ、「僕はこれが好きなんだよ」と心の中で繰り返す。

ビリビリとした辛みに快感を覚えるのは、いつものことだ。

食べ続けているといろんなことが脳裏を横切る。ちょっとコクが強すぎたかな。あーあ、またおいしくしすぎちゃったよ。ヨーグルトの酸味が上手にバランスを取ってくれているはずだけれど、ちょっと足りないような気もする。仕上げにレモンでも絞っておくんだったか。いや、ライムか。

でもなー、ライムなんて絞ってしまったら、このカレーは完成されすぎてしまうよな。非の打ちどころのないカレーなんて食べたいとは思わない。賢く優しくユーモアのあるイケメンなんて、鼻につくだけだ。絶対に友達になりたいとは思わないもん。やっぱり僕が作るカレーはどこか偏っているくらいがいい。

何度目かの〝ゴクリ〟をしたあと、ふう、と息を抜くとスターアニスやシナモンなどの奥深い系の香りがおでこから後頭部にかけてのあたりをウロウロとしているのがわかる。あー、おいしかったな。

しばし、ぼーっとして、それから僕は皿を片付ける。最後の最後に残る感想は、「洗練」のひと言。スッキリとして切れ味のよいカレーだったから、明日も明後日も同じカレーを食べられる。気がついたら名刀でバサーッと真っ二つにされていたような爽快感。あ、俺、死ぬんだな、みたいな……。

カレーをデザインする

なんだか、途中からおかしくなったな。でも、まあ、できるだけイメージを膨らませるべきだ。具体的なイメージと抽象的なイメージは入り混じっていていい。現実的に今の自分の実力で生み出せそうなカレーの姿でなくていい。理想形でいい。そんなの作れないよ、というくらい最高のカレーを思い浮かべて、そこに向けて調理を始めるのだ。

たいていは、思い描いた通りにいかない。仕方ない。それはきっと人生と一緒だから。でも、できあがったカレーを食べたときに思い描いたものと違えば違うほど、「どうしてこうなっちゃったんだろう」と考える。それが素晴らしい復習になる。この行為が大きな成長を約束してくれるのだ。

頭に浮かべたイメージを目指して作ったカレーを僕は、デザインカレー[38]と呼んでいる。

一風変わった料理教室をやったことがある。生徒は、30名以上で、全員、美容師。こんなことは初めての体験だ。

38
デザインカレーの考え方と実践方法を教える料理教室をシリーズで開催していたことがある。このときは、わかりやすく、仕上がりのカレーのソースの色をデザインする、というコンセプトに特化した。オレンジ色のカレーを作るのか、レモン色のカレーを作るのか、薄緑色のカレーを作るのか。作りたいカレーの色によって材料やスパイスを選び、加熱の方法を変える。すごく好評だった。

スパイスカレーのレッスンをすることになるから、いつも通りにやるだけである。ただ、受講する美容師の方々のスパイスへの関心やスパイスカレーへの知識や経験量が読めないから、初心者でもわかりやすいように話を進めていく。

……と、僕のマニアックな料理教室を一度、受けたことのある主催者が、後半になって、僕に耳打ちした。

「デザインカレーの話もよかったらしてください。みんな興味あると思います」

僕はちょっとびっくりした。デザインカレーというのは、思い描いた（デザインした）色味のカレーソースを作るためにレシピの設計をするという考え方のことを言う。さらに難しい概念としては、システムカレー学[39]というものがあって、この考え方は、プロ向けに提案した難しいものである。

その話を美容師さんたちにしてくれ、と!?

「カラーリストの方もたくさんいるから、絶対に興味を示すと思います」

美容院では、カットのほかにカラーリストという人がいるようだ。リクエスト通り、デザインカレーの話をした。心なしか、参加者の目つきが変わったような実感があった。

教室が終わって、参加した方々の声を聴いてみると、とにかく非常に響いていたようだった。

39 専門書として出版した自著『カレーの教科書』で発表した考え方。システマチックにカレーのレシピを考案できるように、プロセスと結果の関係をわかりやすく（?）表にしたものだ。まったく同じ材料を使っても、切り方や投入のタイミング、加熱の強さや時間を変えていくと、色も味わいも香りもとろみも違ったカレーができあがるということを実践した。

「こんなに興奮したのは、小学生以来！」

ある人は、そう言い残して帰っていった。まさか美容師のみなさんがデザインカレーにあんなに興味を示してくれるとは思ってもみなかった。思わぬところに共通点というのはあるんだなぁ。


カレー作りは結果論ではいけない。

目指した場所へたどり着くべく、自分で決めた道を歩んでいく行為だ。


さあ、いよいよカレーを作り始めようか。

と言っても、すでに鶏ガラスープの鍋はポコポコと音を立てているし、玉ねぎ蒸し煮の鍋はクツクツと音を立てている。

スッと真っ直ぐ立って、僕はにんにく、しょうがを刻む。この二つのアイテムはおいしいカレーを作ろうと思ったときに不可欠なものだ。なにも考えずに手が動く。ヘタを切り落とし、殻のまま上から潰して、先っぽをつまむとハラリと殻がむける。そのまま包丁を高速で上下させるとあっという間に粗みじん切りができあがる。しょうがは皮がついたまま上から潰し、縦と横に包丁を入れる。香りが刺激的でいい。

ここで初めて油を手に取る。普段、最もよく使う油[40]は、紅花油だ。その他に常備

[40] 油は食生活に欠かせない存在なので、品質にこだわりたい。加熱せずに使って香りを楽しみたい料理には、オリーブ油を使うことが多い。加熱して香りを重視したい料理には、ごま油。紅花油は沸点が高いため、強火の調理に向いている。ココナッツ油やマスタード油は、香りを重視した個性のあるカレーを作るときに使う。最近、米油も使うことにしている。体にいいらしい、と聞いたので……。

している油は、オリーブ油、ごま油、ココナッツ油、マスタード油。共通点は原材料がハッキリしていること。単一の植物から抽出されていること。カレーの純度に関わることだ。

トクトクトク……、とまあまあ多めに油を注ぐ。ここで、鶏皮をはいだことが生きてくる。これからあれやこれやを炒めていくのだが、そのときにたっぷりの油で半ば揚げるような感覚で火を入れていきたい。皮から出る脂分を排除することで全体のバランスを取るのだ。

ジャーッ、シュワシュワとにんにく、しょうがが炒め揚がっていく音がする。特に油によってにんにくが香ばしく焼けて立ち上る香りは、カレーのおいしさのかなり根幹の部分を握っているんじゃないかと思う。

どんなカレーでも油とにんにくを増量したらおいしくなってしまうだろう。

これまでの経験でそう思う。そういえば、大昔にＮＨＫのテレビ番組で、「うまさ別次元、カレー大革命」という特集の制作に関わらせていただいたことがある。この番組の中で僕が紹介した、「カレーをおいしくする四種の神器」なるものがある。にんにく、バター、砂糖、唐辛子[41]だ。

41
にんにくは、その香りが食欲を掻き立てる。バターには強烈な乳製品のうま味がある。砂糖は、砂糖に限らず、はちみつでもフルーツ系の加工品でも、とにかく甘味のある素材がいい。わかりやすいおいしさを生むことができる。唐辛子は好みによるが、ある程度辛いのが大丈夫なら、カプサイシンの効果なのか、後を引く、クセになる味わいができあがる。

このラインナップには根拠がなくはない。僕が立ちあげた「東京カリ～番長」という出張料理集団で、全国各地にせっせと出向いてイベントでカレーを作ってきたが、10年ほどの活動の中で、「これを増量するとみんなうまいって言ってくれるなぁ」とメンバーが実感したアイテムが、その4つなのだ。

バターの部分を油としただけで、今もこの感覚は変わらない。

だから逆に、メンバー間でカレーを作っているのを見せ合ったとき、誰かがちょっと多めに〝神器〟を鍋に投入しているのがわかると即座にからかわれる。

「あーあ、そういうの入れちゃうんだ」

「卑怯な真似するなぁ」

「あれ？　もしかして、きょうのカレー、ちょっと自信がないわけ？」

立て続けに攻撃する。いやいや、おいしくなるんだから、いいじゃないか。なんの文句があるって言うんだ？　それで喜んでくれる人がいる場なら、ありだろう。積極的においしくすればいいときもある。でも、僕自身が僕自身のために作るカレーにこの感覚は許さない。

おいしいカレーとはなにか？

南青山でカレーを出したことがある。たくさんのお客さんに来てもらい、11時の開店直後から行列ができて、13時前に売り切れてしまった。その後も訪れてくださったお客さんたちに本当に申し訳ないことをした、と思う。

こういう気持ちは、結構引きずる。イベントや教室なんかでもそうだ。定員を超える応募があって、抽選で誰かをお断りしなければならないときは、どことなく悪いことをしてしまったなぁという気持ちになる。集客に困って、なんとかひとりでも多く来てくれないだろうか、とソワソワするイベントのほうが、本当は幸せなのかもしれない。

そう、きっと僕は満たされているよりも、足りないほうがいいのだ。

最近、フードトラックでランチタイムに販売しているカレーの味についても同じことを思う。ある日、チキンスパイスカレーの「オレンジ ＆ フェンネル」と「レモン ＆ セロリシード」の2種のカレーを出した。レモンのほうはイメージ通りの仕上がり。でも、オレンジのほうは、ちょっとおいしくなりすぎてしまった。

カレーを作るときは、「おいしくしすぎないように」[42]と心がけている。

[42] おいしくしすぎない、という感覚は説明が難しいが、「わかりやすくしたくない」というニュアンスもある。ひと口食べて「うまい！」というわかりやすいおいしさは、ある意味で淡白な印象が残ってしまう。味の濃い料理なんかはそのたぐい。濃い味よりも深い味にしたい。奥深くて、ひと口、ふた口ではわからないけれど、ジワジワおいしさがこみあげてくるとか、しみじみとうまいとか。

ちょっとだけもの足りないかな、というくらいの味が理想形だ。でも、あの日のオレンジカレーはうますぎた。鶏肉の量も多すぎた。あの味ではいけない。もう少し具が乏しくてサラッとしていて、食べている途中は、「まあまあかな」くらいの印象を持ってもらって、全部食べ終わって店を後にし、会社への道や駅への道の途中で、「おいしかったかも……」と頭をよぎり、翌日になって、「ああ、やっぱりおいしかったな」、翌週になって、「あれをもう一度食べたくて仕方ない！」となるようなカレーが理想形だといつも思っている。

予想していた以上に満たされた味になってしまうのは避けたい。そういうときに限って食べていただいた方から絶賛の声をいくつも聞いたりする「抜群にうまい」というような。うれしいことはうれしいが、その一方で、反省もする。

「ああ、やっぱり僕は今日、失敗したのだ」

玉ねぎのうま味やスープのコクを強めすぎてしまった。

カレーの味は、少し足りないくらいがいい。

おいしいカレーを作るためには、おいしくしすぎないことだ。

もしかして、こんなこと書いたら、言い訳がましく聞こえたりするのかな。少し足りないくらいがいいんじゃなくて、少し足りないくらいにしか作れないんじゃないの？　と。そもそも、水野さん、あなたの作るカレーって、本当においしいんですか？　と。いや、正直言って「抜群にうまいですよ」と即答はできないんだよな。困ったな。

カレー対決！

19年前に東京カリ～番長という集団を立ち上げたのは僕だった。17～18年前、リーダーが決まった。それは僕じゃなかった。リーダーがリーダーになった。伊東盛《さかり》[43]という男だ。あれ以来、伊東盛はみんなからリーダーと呼ばれ続けている。

今や伝説（?）となっている「Non Air Radio Show」というイベントを主催していた。ジャズミュージシャンの演奏を聴きながらトークをし、みんなでカレーを食べる。その企画のひとつとして、当時の東京カリ～番長メンバー4人でトーナメント戦をしようということになった。誰のカレーがいちばんうまいのか、真剣勝負で決めることにしたのだ。

自分の作るカレーに絶対的な自信を持っていた僕は、「そんなことするのやめよ

43
東京カリ～番長の現リーダー。結成時から20年近い付き合いになる。僕が最も味覚のセンスがある男として信用している存在だ。

うよ。どうせ僕以外の3人が負けるに決まっている。かわいそうだよ」と思った。でも、他のメンバーはノリノリだ。おもしろければなんでもいいと思っていた時期だったからね。優勝した人をリーダーにしようという話に。この時点でわかるよね。優勝したのは伊東盛であって、僕ではなかった。

僕は、トーナメント戦の前日まで悩んでいた。自分が優勝するに決まっているけれど、リーダーというポジションに向いている性格じゃないことは自覚していたからだ。どうしようかな。悩んだ挙句に出した結論は、わざと負けることだった。ホールスパイスを大量に使い、とことん刺激的でマニアックなカレーを作ってやろう。それは、僕自身は好きだけど、明らかに万人受けするカレーではなかった。

イベント当日、調理場で対戦相手のリーダー(この時点ではまだリーダーにはなっていないけどね)が僕のカレーを味見した。

「あれ？　うまいな、これ。やべーな、大差で負けたくないなぁ」

僕の作ったカレーはリーダーもそこそこお気に召す味だったようだ。焦ったリーダーは黙ってコンビニに走った。200gの無塩バター（四種の神器のひとつだ）を買ってきて、自分が作ったサグカレー[44]の鍋にドボンと投入した。次第に溶けていくバターは、いつしか影も形も見えなくなり、代わりに鍋中のカレーは強烈なコクという武器を手にしていた。

44
日本では「ほうれん草のカレー」と認識されているインド料理。サグは青菜の総称で、北インド・パンジャーブ地方では、サルソン・カ・サグと呼ばれていて、からし菜のおいしい季節に作られる。

どっちがどっちを作ったのかをわからない状態にして、正々堂々と戦った。投票結果はどうだったか。60名ほどの参加者のうち、僕のカレーに投票してくれたのは、10名に満たない数だったのだ。10対50みたいな大差で僕は完敗したのである。

わざと負けようと計画して負けたのだから、狙い通りの結果である。でも、今思い起こしても、あのときに僕が作ったカレーがおいしかったとは思えない。とんがるだけとんがった粗削りなカレー。青臭くて生意気で、粋がったり勘違いしたりして世の中を斜めに見ている14歳の中学生のようなカレーだったはずだ。

何にせよ、ひと言の言い訳もできないほどの完敗に打ちひしがれ、僕はリーダーにリーダーという大役をお願いすることにした。

あれから17年ほどが経った最近、リーダーと僕はなんと再びガチンコ勝負をすることになる。とある忘年会的なイベントの席に60名ちょっとが集まった。リーダーと僕はそれぞれ自分がいちばん作りたいカレーを作って持ち寄ることになっていた。僕はちょっとだけスリランカテイスト[45]を取り入れた、サラッとしたビーフカレーを作った。リーダーはとろみの強い濃厚なチキンカレーだった気がする。

今回もはじめから対決することになっていたが、わざと負けようだなんて気持ちはみじんもなかった。むしろ、大差をつけて勝って雪辱を果たしてやるくらいの気

45 スリランカ料理は独自の素材の組み合わせによって「らしさ」が生まれている。主な構成メンバーは、ローステッドカレーパウダー、カレーリーフ、ココナッツミルク、パンダンリーフ（ランペ）あたり。これらを組み合わせると「スリランカ料理っぽさ」が生まれる。僕は、このちょっとクセのある風味が好きなのだ。

持ちがあったのだ。

いつかのあのときと同じようにリーダーは僕のカレーをスプーンひと口味見し、こう言った。

「水野が好きそうなカレーの味だなぁ」

そりゃあ、そうだ。僕は自分の好きなカレーを作ったのだから。リーダーは前のときのようにバターを買いに走るそぶりは見せなかった。態度にも心なしか余裕が感じられる。そして、結果はどうなったと思う？

僕は、また、負けたのだ。

25対35くらいの差だった気がする。17年前から比べれば15票程度、票を伸ばしたことになる。でも、勝つ気満々で戦いに挑み、割と接戦で負けたという事実が、思いのほかみじめな気持ちを増幅させた。

カレーは食べものなんだから、おいしいかおいしくないかを競って負けたらなんの言い訳もきかないんだよな。そろそろ僕は、自分が自分のために作るカレーがみんなにとって抜群においしいものではないかもしれないという自覚を持つ必要がありそうだ。

自分の好きな味とみんなが好きな味とのギャップを把握しておこう。

僕は、僕の好きな味が、それほど世間一般の人たちに受けるものではないと自覚している。ところが一方で、スリランカテイストのビーフカレーを今思い起こしても、本当に好きな味だったなぁと思う。わたしだけがおいしいと感じることが幸せなのだから、大事な要素だ。


おいしいってなんだろう?

おいしいものは、本当においしいんだろうか?


ミュージシャン、早川義夫さんのアルバムに「かっこいいことはなんてかっこ悪いんだろう」というタイトルのものがある。あのタイトルが昔から好きだった。僕も彼に倣って主張してみようかな。

おいしいものはなんておいしくないんだろう。

捉え方は人による。同じカレーを口にして、おいしいと思う人とおいしくないと思う人がいる。だからこそ、「わたしだけのおいしいカレー」を見つけ、誰になんと言われようと自分はその味が好きなんだなと自覚するのがいい。

終わりなき旅路の途中に

にんにくとしょうがはほんのりと色づき始める。キツネ色のちょっと手前、イタチ色になったあたりで、ぶつ切りにした丸鶏を加える。事前に塩こしょうを振っておいたらよりおいしくなる。鶏肉が入ったら油を肉の表面全体にからめ合わせるような感覚で炒めていく。強火で結構。ピンク色だった鶏肉が徐々に白くなり、ところどころに焼き色[46]がついてきた。

このタイミングで鶏肉を炒めるのにも理由がある。表面全体を色づけてうま味を増幅させるのだ。うま味を閉じ込めるわけではない。肉の表面を焼いてもうま味は閉じ込められない[47]。メイラード反応によるおいしさをここで作りたい。鶏肉の扱い方についても、好みが分かれるところ。

ポルトガル料理店を営むカレー仲間（紛らわしい）の佐藤シェフが、チキンカレーを作ってくれたことがある。鶏ガラとレバーのスープを合わせて作ったカレーソースにオーブンで焼いた鶏肉をからめ合わせて仕上げていた。鶏肉はカレーの鍋で一緒に煮込むことはあえてしていない。しみじみとおいしかった。今でもときどき思い出すほどに。

46
オーブンで焼くのも悪くない。四方から均一に火が入るため。ただ、高温でさっと短時間焼いたとしても、鶏肉の場合は、その時点でまあまあ火が中まで入ってしまう。この先煮込んでいくことを考えると、やはり鍋に加えて表面を色づけていくほうがいいかもしれない。いずれにしても塩こしょうはできれば振っておきたい。

47
昔から「肉の表面を焼いて（焼きつけて）うま味を閉じ込めます」という表現がある。そのたびに本当かな、と不思議に思っていた。だって、焼いた肉を菜箸やフォークでちょっと押しただけでジュワジュワと肉汁がにじみ出るのだから。カレーのように煮込み始めたらソースにどんどん肉のうま味は出てしまう。

あのとき、佐藤くんとはカレーにおける具の在り方について議論した。僕らは具とソースをごった煮しまくるのはあまり好きではない。だからカレーの具の究極形はトッピングなのかもしれない、と。たとえばサラダはそれぞれの野菜が適切に調理され、ドレッシングと一緒にからめ合わせて作られる。そのサラダに使う材料をドレッシングもろともすべてミキサーに入れてしまったら、ドロッとしたピューレ状のそれをおいしく食べられるだろうか。

絵の具も一緒だ。いくつかの色をざっくり混ぜ合わせたカラフルなマーブル模様は美しいけれど、全部をよく混ぜてしまったら、ただの濁った色ができるだけだ。カレーソースと具の関係も同じじゃないか。

ただね、日本でいちばん歴史のあるインド料理店「ナイルレストラン」の名物メニュー、ムルギーランチ[48]は、「全面的に混ぜて食べてください」と指示される。チキンカレーとターメリックライスとキャベツ炒めとじゃがいものマッシュを完全に一体化するまで混ぜ合わせる。うまい。だからやっぱり答えはひとつではない。

もし、クレオパトラの鼻がもう少し低かったら、世界の歴史は変わっていただろう、……だったかな。確かそんな言葉があった。どう変わっていたんだろう。

ロンドンから友達がふたり一時帰国していて、話していたら、なぜか歴史の授業

48　「ナイルレストラン」で圧倒的な人気を誇る看板メニュー。メニュー名に「ランチ」とあるが夜でも注文できる。

の話になった。イギリスでは、歴史を教えるとき、「あなたならどうしますか？」という問いがついて回るそうだ。

歴史に「もし」や「たら」「れば」はない、と僕らは教わったような気がする。歴史は史実が正解でそれ以外のことは不正解であるかのように教わったような気がする。でも、イギリスでは、「あなたがそこにいたら……」というありえない設定について考える機会があるそうだ。そう考えると史実を明らかにすることに絶対的な価値があるわけではないのかも。歴史の授業ですら正解がひとつではないと教えるのだとしたら、それは、歴史というジャンルを使って歴史とは違うことを伝えようとしているということなのだ。たとえば、想像力とか創造力とか？

カレーの作り方を教えるときも、そういう手法がありえるんじゃないか、と思った。ある材料を並べ、「あなたならどうしますか？」を尋ねる。これらの材料をどう切って、どの順番で加え、どう加熱するのか。それによってできあがるカレーはいろいろ。

ひとつの材料を複数人のシェフに渡して「あなたならどうする？」を考えてもらう企画は、もう、ずいぶん前に思い付き、いつか実現させたいと思っている。それをシェフへの取材としてやるのではなく、料理教室などで生徒や参加者たち向けにやったらおもしろいのかもしれない。

こういう作り方をするとおいしいカレーができます、を伝えるのがレシピ本や料理教室の役割だった。先生が生徒に、上手な人が上手になりたい人に教えるわけだから、それが真っ当な方法だ。でも、たとえば僕が玉ねぎを炒めるところまでやって火を止め、「さあ、このあと、なにをどうしましょっか？」などと問いかけるレシピや料理教室があったらおもしろいと思う。

一見、正解のように見える一本道のレシピを伝授するだけでは退屈になるかもしれないが、自分に歴史をひっくり返すチャンスがあると思うだけで、積極的に頭を使って考えるようになるだろう。そのほうが技術は習得しやすいのかもしれない。僕らはいつだってカレー作りというのは終わりなき旅路の途中にいるのだ。どこかで見かけたらお互いに声でも掛け合おうよ。

カレーの全容を解明したい

ひとりで食事をするときは、たいてい、文庫本を読むか原稿をチェックすることにしている。なにかを読みながら食べるのは行儀が悪いから料理が運ばれてくる直前まで本を読み、食べるときに本を閉じて食べる。これが理想なのだけれど、どうしても、読むのをやめたくないときは、まあ、カレーに限って、読みながらもよしとしようと自分で決めている。定食とかは気が引けるのにカレーはあり、というのは、たぶん、スプーンひとつで食べられるからだろう。[49]

さて、下北沢で友達のカレー店に行った。カバンに入れていた本は、羽生善治さんの『羽生善治 闘う頭脳』(文春文庫)だ。3カ月くらい前に買って、開いていなかった。ロングインタビューからスタートするこの本を読み始めて、冒頭からいきなり激しく納得してしまった。

「なんのために戦うのか?」といった意味合いの質問に対して。

> 今年はこのタイトルを獲ろう、とか、誰かに勝とう、というような目標の立て方は、私の場合はしないですね。
>
> (中略)
>
> 棋士は私にとって職業ですが、ならば賞金を稼ぐことが目標かというと、それも違います。
>
> (中略)
>
> とは言え三十年ずっとプロ棋士を続けてきたわけで、その理由がなにかと考えてみますと、「将棋の全容を少しでも解明したい」という静かな気持ちはありま

49 これが、神保町でカレー店が増えた理由だという説もあるけれど、それはさすがに後付けだと思う。神保町で老舗の古書店を営む店主に聞いた話では、神保町は関東大震災後、復興の時期に間口の狭い物件が多かった。そのため、狭い調理場でも仕込みや提供がしやすいカレーを出す店が増えたんじゃないか、という説もある。

す。あえて言えば、これが棋士を続けるモチベーションになっているのかも知れません。

羽生さんは、永世七冠達成の記者会見でも同様のことを言っていた。羽生さんの30年のキャリアに比べて僕は20年と、まだ浅いし、立っている場所も才能もあまりに違いすぎるけれど、頭の中にあることはまったく同じだと思った。将棋をカレーに置き換えればそのまま自分の気持ちを表現できる。

誰かよりもおいしいカレー、どこかの店よりもおいしいカレーを作ろうとは思っていない。僕は、「カレーの全容を少しでも解明したい」からカレーを作り続けているのだ。これを読んでしまったせいで、急激にカレーが作りたくなり、帰宅後、バターチキンを作った。

こんなとき僕は、いつも新しい手法を試みるようにしている。かつて升田幸三という将棋の棋士がいた。彼は、「新手一生」を掲げ、生涯、斬新な一手を生み出し続けた。将棋好きの僕が憧れる棋士のひとりだ。僕もカレーの世界に新手を放ちたい。カレーは誰かと戦うわけじゃないから、新手を出しても負ける心配はない。

スパイスの使い方をいつもよりも斬新にしてみた結果、バターチキンというカレーは、究極的にはホールスパイスはひとつも必要ないんじゃないかという考えが浮かんできた。鶏肉のマリネに使うパウダースパイスに香り[50]のすべてを背負わせてしまうほうがいいんだよな、とか。それなら、他のカレーの場合は……、と頭の中のグルグルが止まらなくなる。

いつか書籍化したいテーマのひとつに「バターチキン徹底研究」というものがある。バターチキンだけで200ページ近い本を書きたい。そのくらいたったひとつのメニューに果てしない謎が眠っている。カレーの全容解明なんていつのことになるのかまったく見当がつかない。

ああ、考えていたら、水野カレーに使うスパイスを再考したくなってきた。ま、簡単に結論は出ないから、そろそろ予定通りのスパイスを投入しようかな。

50 タンドーリチキンにバター、煮詰めたトマトペースト、生クリームを混ぜ合わせて加熱すればバターチキンカレーはできてしまう。調理時間が短いからホールスパイスのように長い時間で少しずつ香りを出していくスパイスよりもパウダースパイスで直接的な香りを加えてしまうほうがいい気がしている。

4.

スパイスには
なにを
演じてもらおうか

スパイスはカッコいい

フードトラックで出かけた青山の街で、すごくうれしいお客さんたちに出会った。目の前のお客さんの注文に応えてカレーを盛りつけていると、車の角に立てかけた看板を見ている男子ひとりと女子4人ほどのお客さんがちらっと目に入った。年のころは20代前半という感じ。みんな適度におしゃれなファッションに身を包み、男子はかっこよく女子は美人揃い。ま、ちらっと目に入った程度の認識だったから、正確にはわからない。ともかく、彼女らはたまたま通りかかったお客さんのようだ。

至近距離で会話が耳に入る。

「カレー屋さんだよ」

「あ、水野さんの店だ」

「は？　水野って誰？」

「え〜、知らないの〜？　カレーで有名な人だよ」

「そ〜なんだ〜」

「あ！　本人がいる！」

「頼もうよ」

「2種類あるよ。オレンジとレモンだって」

「フェンネル？　フェンネルってなに？」

「セロリシード？　全然わからない……」

「すみません～、このカレー、辛いんですか？」

「あ、どちらも辛みはないように作ってますよ」

「なんで？　スパイスって書いてあるのに辛くないの!?」

「スパイスの香りは豊かですけど、辛くはないんです」

「意味わかんな～い。で、どういう味なんですか？」

「レモンはココナッツミルクでまろやかな感じ。オレンジのほうは白湯《パイタン》スープを使ってるので適度に濃厚なうま味があります」

「まじ～!?　おいしそ～！」

なんとも奔放な女子たちである。新人類とかいうのかな。テンションはやたらと高いし、会話のテンポが速すぎてついていくのが精いっぱい。それぞれに注文するカレーを決め、カレーを受け取る。

「この容器、おしゃれ～！」

「カレーが別の器になってるのもい～ね～」

「ありがとうございます。この容器を見つけるまで僕ら、相当あれこれ探して悩んだんですよ。容器をほめてもらえるの、うれしいな」

「あ〜、そうなんだ〜。おしゃれですよ。このビニール袋もおしゃれ〜」

「いや、それは、ただの袋だけど……」

「いただきま〜す、ありがとうございました〜」

怒濤《どとう》のごとく去って行った。ひとりだけ、僕のことを知ってくれている人がいたようだけれど、みんな若いし、スパイスやカレーなんかに普段はまったく興味のない世界にいる感じだった。


あっけに取られたけど、その後、しみじみと思った。ああ、僕がカレーの魅力を届けたい人たちは、きっとああいう人たちなんだろうなぁ。普段、スパイスやカレーなんてものになんの興味も示さず生活している人たち。そんな人たちがほんの少しでも立ち止まって関心を持ってくれるようなアウトプットをこれからも考えていきたい。

[51]スパイスは辛い、というイメージは意外にも根強い。スパイスの役割に「辛みをつける」というものは確かにあるけれど、ほとんどのスパイスの主な役割は、「香りをつける」ほうだ。ところが、この香りという概念がクセモノで、人によって独特の香りを「辛い」と感じる人がいるようだ。

51 直接的な辛みをつけるスパイスはそれほど多くない。ペッパー類、マスタード類、チリ類。それ以外のスパイスには辛みがあったとしても極めて弱い。その代わりにどのスパイスも香りは強い。日本では、あまりスパイス自体が習慣的に摂取されていないため、スパイスの香り自体になじみがないので、「刺激物」という印象を受ける人がいる。「スパイス=刺激的=辛い」となるのかもしれない。

刺激的なものたちを総称してスパイスと捉えている人が多いのかもしれない。クセが強く口の中を刺激するやつら。ちょっと敵対的な印象なのかもしれない。その点、ハーブは違う。ハーブは寄り添ってくれるパートナーのような地位を確立している感じがする。

スパイスとハーブの違いを僕はいつも、うどんと蕎麦で表現する。スパイスはうどんで、ハーブは蕎麦であるってね。スパイスとハーブの大雑把なイメージ比較をしてみるとこんなところだろうか。

◎スパイス→茶色／エスニック／刺激／ドライ／クセが強い／男性的／漢方薬／値段が安い／ダサい？
◎ハーブ→緑色／ヨーロッパ／癒し／フレッシュ／心地よい／女性的／アロマテラピー／値段が高い／おしゃれ？

あくまでもこれは「こうイメージする人が多い」という傾向のお話。でも講義や講演などでホワイトボードに書き出してこの比較をすると、ほとんどの人が大きくうなずいてくれる。うんうん、わかるー。でしょー!?　調子に乗って、僕は話を続ける。「だからね、スパイスはうどんでハーブは蕎麦なんですよ」と。この時点でほとんどすべての人がポカンとする。

スパイスよりもハーブのほうがどことなくイメージがいい。どちらも和食の麺類としては人気を二分するほどの存在だが、蕎麦は知的でおしゃれなイメージがあり、ジャズでも流れるスッキリした店内で食べれば1000円以上は普通にする。でもうどんを食べて500円以上したら、「あれ、意外に高いのね」なんて思われてしまう。

僕は讃岐うどんが好きで香川県に10回以上食べ歩きに通っているが、現地では、抜群にうまいうどんが200円ほどで食べられたりする。お金という価値尺度で見れば、蕎麦はうどんの何倍も評価されていることになる。スパイスのイメージをもっと上げたいんですよねぇ、と続ける。みんな、ふむふむと聞いてくれるのだ。

ただここ最近は、空前の（？）と言ってもいいほどのスパイスブームが来つつあるから、スパイスのイメージもずいぶん、よくなっている気がする。いつものスパイスとハーブの比較をしたところ、ある人から突っ込みが入った。「スパイスはダサい、ハーブはおしゃれ」という部分だ。「スパイスはダサいのではなく、カッコいいんじゃないか」。なるほど！　素晴らしい。だからこれからはそう伝えていきたい。

スパイスはカッコよくて、ハーブはおしゃれなんだ。

そもそも、スパイスとハーブってなにが違うの？　ということに関心のある人も多い。正解はないが、スパイスの中に一部、ハーブと呼ばれるものが含まれる、という捉え方をしている。ハーブ（ｈｅｒｂ）という言葉の語源はラテン語で草木を表す言葉だそうだ。だから、一般的にはスパイスの中で特に葉もののことをハーブと呼ぶ傾向にある。

まあ、スパイスとハーブの違いはあまり気にしなくてもいいと思う。興味があれば調べればいいし、知っていたら多少は豊かになるかもしれないけれど、それでおいしいカレーが作れるようになるわけじゃない。大事なのは、どちらにせよ、香りがいいということ。[52]香りがカレーをおいしくするのだから。

イベントで沖縄に行ったとき、兼ねてから訪れたかった奈良さんの農園を訪れた。彼は、農業コンサルタントをしていたことがキッカケで東京から沖縄に移住し、ご自身が農業に従事することになった。

那覇から車で2時間30分、３０００坪の畑で年間50品目の野菜を育てている。そして、随所にスパイスも育てていて、それを見学に行くのが主目的だった。ターメ

52
スパイスは、それ自体に呈味（味わい）がないことはないが、強くはない。単体のスパイスを口に入れて食べてみたところで、苦味や雑味のほうが印象に残る程度だろう。スパイスには、素材や料理に味をつける、という作用はない。その代わり、香りをつけるという作用は大きい。香りをつけることによって味わいを引き立てることがスパイスの重要な役割だ。

リックに始まり、カー（しょうが）、レモングラス、バイマックルー（こぶみかんの葉）、フェンネル……。いきいきとしたスパイス類に出会えた。

シナモンの木もあった。立派な大きさで、木の皮をはいだり葉をちぎったりするとシナモンの香りがする。15年以上前に南インドの山あいの地域で初めてこの体験をしたとき、僕はスパイスの魅力に目覚めた。だから、シナモンリーフは、AIR SPICE[53]のロゴマークにもしている。それを沖縄で体験できる[54]とは思っていなかった。

カレーリーフの大きさにもビックリ。自分の背丈の遥か上まで成長していて、もさもさと葉がついている。東京で鉢植えで大事に大事に育てている我が家のカレーリーフとはレベルが違う。4年でここまで成長したというからすごい。うらやましい限りだ。

オールスパイスは南米でよく使われるスパイスだが、この木も葉を採むと素晴らしい香りに出会えた。5枚くらい葉をもらって、車の中でもときどき揉んで嗅いだ。ジャマイカの名物料理、ジャークチキンを焼くときは、炭火にこのオールスパイスの枝をくべて、立ち上る香りでスモークしながら焼くという。枝からもいい香りが出る。

「スパイスとして瓶詰になって販売されているものだけがスパイスなのではない。

53
2016年の春に僕が始めたサービス。毎月届く、本格カレーのレシピ付きスパイスセット。

54
つい最近、スリランカでも上質なシナモンの収穫体験をした。水田の水に一晩浸して柔らかくし、外側の薄皮をはがしていく。冷暗所で乾かすとクルッと丸まってスティック状になる。少量を割り、口に含んで噛むと信じられないほどの甘味を感じる。ところどころピリリとするものもある。ポケットに入れてときどきおやつに食べたいほど心地よい風味だった。

香りよきものすべてがスパイスなのだ」、……という話は、自著『いちばんやさしいスパイスの教科書』[55]にも書いた。そういうことが実体験できる場があるのはとても魅力的だ。なんか、こういう〝場〟と〝体験〟と〝情報〟をセットにした取り組みをなにか考えてみたいなぁ。

調合するという創造

僕は乾燥させたスパイスをある程度ミックスしてカレーを作るのが好きだ。スパイスカレーと呼ばれているものは、たいていこの作り方をしている。さて、どのスパイスを選ぶべきか。それが問題だ。

これまで「たった3種類のスパイスで」とか「たった5種類の……」とか、とにかくできるだけ少ないスパイスでおいしいカレーを作れる方法を発表してきた。

◎パウダースパイス三銃士↓「ターメリック・レッドチリ・コリアンダー」
◎パウダースパイス四天王↓「ターメリック・レッドチリ・コリアンダー・クミン」
◎パウダースパイス五人衆↓「ターメリック・レッドチリ・コリアンダー・クミン・

55 僕が初めてカレーだけではなく、スパイス全般に関して書いた著書。イラストつき初心者向けの本だが、そうは思えないほどの情報量が詰まった1冊だ。

—　ガラムマサラ」

パウダー（粉状の）スパイスならこのあたりがオーソドックスなラインナップだろうか。

ターメリックの土っぽい香り、レッドチリ[56]の香ばしい香りと刺激的な辛み、コリアンダーの甘く爽やかな香り、クミンのツンとクセのある香り。ガラムマサラのどこまでも奥深い香り。これらすべてがバランスよくブレンドされるとおいしいカレーの香りは約束される。

一方、ホール（丸のままの）スパイスも組み合わせるとなると、少し複雑になる。もちろん、その分、おいしくもなる。

◎ホールスパイスソロ→「クミンシード」
◎ホールスパイストリオ→「グリーンカルダモン・クローブ・シナモン」
◎ホールスパイスカルテット→「グリーンカルダモン・クローブ・シナモン・クミンシード（ほか好きなスパイス）」

クミンシードは、単体でカレーに使うなら、最もオーソドックスで使いやすいス

56
辛いのが苦手な人や子どもに食べさせたいときなどはレッドチリを抜くことがあるが、それをすると辛みがなくなるだけでなく、香りも減ってしまう。そこで、パプリカパウダーで代用することをお勧めしている。似たような香りがあって辛みがないパプリカ。僕はこのチリやパプリカの香りが好きだからついつい多めに使ってしまう。

パイスだ。ただ、ホールスパイスってのは魅惑のスパイスで、使い始めるとその魅力に取りつかれてしまう。形も大きさも色も違うさまざまなスパイスを炒めたり煮たりするのは楽しいし、なにか手に負えない猛犬を手なずけているようなプロっぽさがあって快感でもある。

だから、もっと他のスパイスを使ってみたいと思い始めるのだ。しかも、割とすぐその気持ちはやってくる。そこで僕は、[57]3つの非常にバランスのいい組み合わせを推薦することにしている。それがスパイストリオだ。グリーンカルダモンの爽やかで上品な香り、クローブの深みのある香り、シナモンの甘い香り。とてもバランスの良い音を奏でてくれる。この組み合わせは魅力的だ。

さらにもうひとつ、となったら好きなものを加えればいい。スパイスソロのクミンでもいいし、僕が最近気に入っているのは、メース。ナツメグを覆っている表皮だが、クセがありつつすっとした爽快感もある。これを加えてスパイスカルテットとしようか。ま、カルテットは覚えなくていい。

パウダースパイスのときには三銃士だの四天王だのと言っていたのにホールスパイスになってトリオだのカルテットだのと格好つけ始めるのは、なんだか釣り合わないけれど、別にホールスパイスをえこひいきしているわけじゃない。

57 僕は勝手に「ホールガラムマサラ」と呼んでいる。ガラムマサラを構成する重要なスパイスのうちの3つだからだ。インド料理をいろいろと教えてもらっているインド人シェフもそう呼んでいたような気がする。この3種にブラックペッパー、ビッグカルダモン、スターアニス、クミン、コリアンダーあたりを加えて挽くといわゆるガラムマサラと呼ばれるミックススパイスになる。

さて、パウダーもホールも知ったら、当然、これらをブレンドして使うことになる。たとえば、パウダースパイスから4種類、ホールスパイスから3種類を選んでみようか。

◎ミックススパイス七福神→「ターメリックパウダー・レッドチリパウダー・コリアンダーパウダー・クミンパウダー・グリーンカルダモンホール・クローブホール・シナモンスティック」

し、七福神!?　とあまり強烈に突っ込まないでほしい。四天王とトリオを合わせて神になるというのに無理があるのなら、七人の侍でもなんでもいい。いずれにしてもこの7種類が揃ったら、素晴らしい香りのカレーになるはずだ。欲を出して仕上げに8種類目のガラムマサラをカレーの仕上げにパラパラと加えてみたりする。そうなると、これは、もう「ミックススパイス八方美人」と呼ぶしかない。

ただあくまでもスパイスの好みは十人十色（ここで十人とか紛らわしい……）。あれこれと使ってみて、「わたしだけのおいしいミックススパイス」を見つけるのがいい。

実際、僕が水野仁輔だけのおいしいカレーを作るのに選んだスパイスは、以下。

◎ホールスパイス→グリーンカルダモン、クローブ、シナモン、メース
◎パウダースパイス→ローステッドクミン、ローステッドチリ、ターメリック、パプリカ、コリアンダー、フェヌグリーク、ブラックペッパー、ガラムマサラ

クミンとレッドチリをローストしてから挽くのが特徴的だと思う。これは、ローストした香りが好きだからだ。ホールの状態で煙が出る手前くらいまでローストし、粗熱を取ってミルで挽くのがベストだが、パウダーの状態で混ぜ合わせて慎重にフライパンで炒っていくのでもいい。スパイスの香りの素となるエッセンシャルオイル[58]の揮発温度は60度前後くらいと言われているから、ローストしてしまったら、スパイスそのものの香りは飛びやすいが、それを承知の上で香ばしさを生みたいという考えだ。

足し算と引き算

58 植物のさまざまな部位から抽出することができる精油成分。香りや辛み、色味などの素となる。

使用するスパイスの種類について、僕は小さな美学を持っている。

ひとつのカレーに使用するスパイスは、10種類以内に厳選したい。

いつでもそれがベストというわけではない。僕の好きな香りがそのくらいのバランスで構成されるということと、11種類以上使わないところがカッコいいと思っているということだ。オーケストラの壮大な演奏よりもロックバンドのシンプルでエッジの効いた演奏のほうが好きだ、みたいなものかな。

スパイスの種類をむやみに増やしてしまうと、お互いの個性を打ち消しあい、なにを香らせたいのかわからないぼんやりした風味のカレーになってしまう。それぞれの香りを立てて相乗効果を生むためには10種類以内にするというのが僕のセンス。

それなのに、それなのに、だ。僕が選んだスパイスの種類を数えてほしい。ホールスパイスが4種、パウダースパイスが8種。合計12種類。美学をあっさり捨てている訳ではない。ここから引き算を始めるのだ。

カレーは、足し算と引き算を繰り返す料理だ。

さあ、つらいけれど、ステージに上がるキャストを絞っていこうじゃないか。まず、ターメリック[59]とガラムマサラはなくてもいいかもな、とも思う。ターメリックは、僕の中でカレーを作るのに最も大切なスパイスのひとつであり続けてきたが、あるとき、「カレーを作るのに本当にターメリックが必要なんだろうか」という疑問を持ち始めた。試しにクミン、コリアンダー、フェンネル、ブラックペッパーのパウダーを同量ずつ混ぜ合わせ、ヨーグルトと一緒に鶏肉をマリネしてカレーを作っていたら、抜群にうまかった。ターメリック、ここにいないよな。うまいよな。じゃ、要らないよな。みたいなことを考えた経験がある。

ガラムマサラは最後に仕上げで混ぜ合わせるのだが、ここは、フレッシュな葉もののスパイス（ハーブ）、たとえば、コリアンダーリーフ（香菜）とかディルとかミントとかでもいいと思う。ただ、日本の米（ジャポニカ米）で炊いた、もっちりと甘味のあるご飯と合わせて食べるのが好きだから、ハーブっぽい香りの仕上げはちょっと避けたい。

悩む、悩む。こういう「いざ！」というときに欲張りたい気持ちが抑えられないのは、田舎者というか貧乏性というか、なんだかなぁと自分で自分を突っ込みたくなってしまう。ま、そんな弱さもまた僕の本性、ということだが、どうにか10種類にしたい。

59
使用量は決して多くないが、どんなカレーにも必ず入れたくなるアイテムである。僕の場合、ほとんど合いの手のように鍋の中に振り入れる。香りの土台を作ってくれるスパイスというイメージだから大事といえば大事かな。

今年の2月に僕は南インド、タミル・ナドゥ州の街、カライクディに行った。チェティナード料理と呼ばれるこの地域でかつて生まれた料理を探求するためだ。チェティナード料理の特徴は、アロマ[60]。スパイスの香りや辛みが他の地域のカレーよりも強い。取材を重ねると、どうやらスターアニス[61]やフェンネルシードを多用することで〝らしさ〟が生まれることがわかった。そうなってくると、自分のカレーにもこの2種類を使いたくなってしまう。

スターアニスはホールのままで、フェンネルシードはちょっとひねってパウダーにして使うことにした。これで14種類になってしまった。困ったな。ターメリックは少量でも入れておきたい。パウダースパイスではガラムマサラ、フェヌグリーク[62]はやめにしよう。ホールスパイスもメースは好きなスパイスだけど、影響が小さそうだからカット。クローブはスターアニスと併用したら、クセが強くなりすぎるかな。

◎ホールスパイス↓グリーンカルダモン、シナモン、スターアニス

◎パウダースパイス↓ローステッドクミン、ローステッドチリ、ターメリック、パプリカ、コリアンダー、フェンネル、ブラックペッパー

60 要するに「香り」のことなのだが、「アロマ」と書くとなんとなく、深みのある香りのことを示すような感じがするから不思議。他の英語なら「フレーバー」となるのだろうか。英語のニュアンスは僕にもよくわからないが、「アロマチックな香りのスパイス」を駆使して作ったカレーは、いかにもおいしそうだ。

61 八角とも呼ばれている。中華料理に使われたり、中華風の豚角煮などに使うイメージが強いが、僕はこの香りをうまく使ったカレーが好きだ。

62 あまりメジャーなスパイスではないが、実は、日本国内で一般的に流通しているカレーパウダーの原材料としては欠かせない存在。しかも、まあまあ多めの量が使われている。

よし、できた。合計10種類だ。ふう。

とことんスパイスで遊ぶのだ

そんなに頑張らなくても使いたいなら使えばいいじゃない、と思うかもしれない。でも、自由に選択できることがいつも最善の道とは限らない。

一時期の僕は「不便を買って出ようキャンペーン」というものを自分に課していた。勝手に制約をいろいろと作ることでより楽しもうとするものだ。

たとえば、靴はVANSのスリッポンしか履かない、と決めた。すると、他のブランドでどうしても履きたい靴を見かけても買うわけにいかない。スリッポンの限られたバリエーションの中から自分の気に入りを見つけるのが楽しくなった。コーディネートにも限界があるが、限界がある中でなにを着てなにを履こうかと考えるのがおもしろくなった。

たとえば、カメラのレンズは、標準サイズの単焦点レンズしか使わないと決めた。わかりやすくいえば、ズームはしない、ということだ。すると、写真を撮りたいと思ったときにファインダーをのぞきこんで、被写体が届かないほど遠く、小さくしか写らないときは自分が近づくしかない。近寄れないならあきらめるか、被写体が遠いなりの写真の撮り方を工夫する。写真を撮るのが楽しくなった。

そうやって自分の中で選択の可能性をあえて狭めると必然的に工夫をしなければならなくなるから、意外と楽しめる。カレー店に行くのに住所を調べないのもそうだ。最寄り駅だけを頭に入れて、あとは勘を働かせて歩く。もちろん、定休日や営業時間は調べないから、店の前までたどり着いたときに「きょうは休みだったか」と気づくこともある。でも、そのときに自分のポテンシャルが問われるのだ。無駄なことに時間を費やした、と思ったら負けだ。この状況を楽しめるかどうかは僕次第だ、と。

究極の形が、ケータイ電話を解約することだった。便利なツールを捨ててみる。満たされていない環境に身を置く。窮屈な中でどう生活するかが問われる行為だった。3年間ほどケータイのない生活を送ったのは、今でもいい思い出になっている。スパイスを10種類以内と限定するのも、僕にとっては同じ行為だ。だからこそ楽しめる。まあ、そんなストイックなことをしなくても、とにかくスパイスをミックスし始めると、楽しくてたまらなくなる。コツはとにかく各スパイスの特徴をよく知ること。その性格を大まかに分類できるようになると、合わせていくときに最適な候補を選びやすい。セオリーはない[63]。自分が覚えやすいやり方、ニュアンスをつ

63 まったくないわけではない。たとえば僕は、カレーに柔らかい香りを加えたいときにはホールスパイスを、直接的な強い香りを加えたいときはパウダースパイスを多めに使うようにしている。自分なりのセオリーを持てるとスパイスを使うことが楽しくなる。

かみやすい切り口でいい。

金沢で「金沢スパイス研究所」という個展を開催したことがある。そこで、スパイスのトークショーをした。東京で人気のインド料理店「エリックサウス」を取り仕切る稲《いな》田《だ》俊《しゅん》輔《すけ》さんと対談形式でスパイスを語ることになった。ただ、しゃべっているのを聞いてもらうんじゃつまらないだろうから、と思いステージ上のテーブルに10種類のスパイスを並べ、それぞれの解釈を話し、実際にミックスを披露することにした。

スパイスには、「爽やか系と奥深い系がある」といつも僕は言う。

スパイスには、「体臭系と香水系がある」と稲田さんは言った。

どちらも感覚的なものだから、これ以上の説明がしにくい。そんなふうに思う、そんなふうに捉えている、ということだ。

この2軸で4象限を作るといろんなスパイスがポジショニングできる。そんな話をしつつ、3種類のミックススパイスを作った。「気分が上がるＭＩＸ」[64]、「切なくなるＭＩＸ」[65]、「リラックスできるＭＩＸ」[66]。10種類のスパイスを前に5、6

64
使用量の多い順に、コリアンダー、ブラックペッパー、クローブ、レッドチリ、ターメリック、クミン、カルダモンを配合。

65
使用量の多い順に、コリアンダー、カルダモン、クミン、フェヌグリーク、ターメリック、レッドチリを配合。

66
使用量の多い順に、コリアンダー、カルダモン、シナモン、クローブ、フェンネル、ターメリックを配合。

種類のスパイスを少しずつ混ぜ合わせ、お客さんにテイスティングしてもらった。

僕らの感覚だけを頼りに無邪気にブレンディングを楽しむ。スパイスは自由に楽しめる、ということが伝わればいいなと思う。トークイベント後、参加者から口々に「おもしろかった！」と言ってもらって、うれしかった。

ホテルに帰る帰り道でスパイスの分類について頭を巡らせた。爽やか系と奥深い系、という方向性は、ワークショップなどをやるときにはわかりやすい表現だと思うけれど、直接的すぎて素敵さに欠けるんだよなぁ、と。「夏の浜辺系と冬の井戸系」ってのはどうだろう。ちょっとわかりにくいか。「春の風系と秋の森系」は？ んんん。酒を飲みすぎたな……。


スパイスをモチーフにして遊ぶ楽しみは、一度知ってしまうとクセになる。名物料理雑誌の歴代編集長たちや将棋講座テキストの編集長、ほか料理界の大御所編集者たちと中華料理を食べながら語らった夜がある。スパイスを駒に見立ててカレー将棋をしたらどうなるだろうか、という話で盛り上がった。将棋の駒の性格をスパイスで例えるとどうなる？ ということだ。

まず「王将」は、米。「玉将」は、小麦。ここは、カレーができたときの主食にあたる。「金将」は、ターメリック。「銀将」は、レッドチリ。これらは、カレーの守りを固める二枚看板。「桂馬」は、シナモン。シナモンのことを漢字で「桂皮」と書いたりするから。え、そこだけ駄洒落かよ……。「香車」は、ブラックペッパー。なんとなく、ビシッと直線的な辛みを持っているあたりがその気分。走ったら戻ってこない、みたいな。

大駒でいえば、十字に動ける「飛車」は、直球的な香りを持つクミン。斜めに動ける「角行」は、変化球的な側面も持つコリアンダー[67]。これはツートップと言っていい。カレーを作るときにはクミンとコリアンダーがあれば、たいていの風味は整う。飛車落ちで戦おうなんてハンデを背負ったら急に自信がなくなってしまう。「歩」は、油。「と」は、塩。歩のない将棋は負け将棋。油のないカレーは負けカレー。と金で相手を仕留めるように塩が最後に味を決める。

よし、できた。僕は将棋でカレーを作ることに成功したのである。

スパイスを具体的ななにかにたとえてみよう。香りと名前がスッと結びつく[68]ようになる。

スパイスをめぐる冒険

67
僕は「調和のスパイス」と呼んでいる。とあるインド人シェフから「スパイスの配合で失敗しないコツは、『1：1：1：4』だ」と教わったことがある。「1」の部分は好きなスパイス、なんでもいい。「4」のスパイスはコリアンダーだという。たとえば、「ターメリック、レッドチリ、クミン」のパウダーを「1」、「コリアンダー」のパウダーを「4」混ぜ合わせるなど。

68
目を閉じて香りを嗅いで、そのスパイスの名前や色味、ホールスパイスの場合は形状などが浮かぶようになるとよい。逆にスパイスの名前を聞いて香りや色、形状のイメージがわくようになるのもよい。どちらからもいけるようになったら、もうすっかりスパイスマスターかな。

にんにく、しょうが、鶏肉をたっぷりの油で炒めているところにスパイスたちが投入された。ホールスパイスならまだしも、パウダースパイスは、そのまま放っておいたら焦げてしまう。少し火を弱めるのだけれど、きっちり火を入れて香ばしく炒めたい[69]という気持ちもある。玉ねぎで出てきたアイルトン・セナスタイルをスパイス炒めでも活用し、ギリギリまで我慢して火入れする。

もう、そろそろ焦げますよ、ゴリラが登場しますよ、というタイミングになったら、ざく切りのトマトをざーっと加える。鍋中の温度が瞬時に下がり、トマトの水分が溶け出て鍋中の加熱の進行をストップしてくれるのだ。その後、ほどよくつぶれていくトマトからは水分が抜け、蒸気となって消えていく。ゴロゴロとした鶏肉が邪魔をして、木べらが回しづらいが、それに構わず大きく回す。グワーッ、グワーッ、とそんな音はしないが、そんな気分で大胆に。

水分が適度に飛び、もう一度スパイスの香味がフワッと戻ってきたあたりで、蒸し煮、蒸し焼きをした玉ねぎを投入。強火でグツグツと炒め煮する。そう、ここで初めて玉ねぎは油と出会い、炒められることになる。もう水分は抜けて形がつぶれているから、玉ねぎは思いのほかなじんでいく。

ヨーグルトを加えて混ぜ合わせよう。赤茶色のソースに白色が混ざり、消えていく。と同時に鍋中に突然、カレーのようなものが現れる。あ、もう、カレーになっ

69 スパイスを炒める行為は、一長一短。適度な加熱（割と短時間）でスパイス本来の香りは引き立つ。それ以上は、炒めれば炒めるほどスパイスの香りはやわらぎ、代わりに香ばしさが際立ってくる。どちらの香りを重視するかは作るカレーによって変わる。加熱時間と加熱具合の加減をコントロールするために、パウダースパイスを水に溶いて使う方法もある。

ちゃった。そんな感覚が生まれるに違いない。でも、まだまだ。お楽しみはこれからだ。

今さらだけれど、水野カレーは、言うならば「スパイスカレー」というジャンルになる。スパイスカレーという言葉[70]は割とカレーが好きな人にとっては浸透しつつある。

固形のカレールウで作るカレーのことをルウカレーと呼ぶことがあるが、それと対比する形でスパイスカレーという言葉が生まれた。だから、ルウを使わずにスパイスから作るカレーのことを指す。が、よく考えてみれば不思議な表現だ。だって、すべてのカレーにはスパイスが使われているのだから。頭痛が痛いとか、馬から落馬したとか、そういう正しくない日本語をしゃべっているような気分にもなる。

が、スパイスで作るカレーは、やはりスパイスカレーなのである。今のところ、これ以上にいい表現が見当たらない。スパイスカレーという以上、肝はスパイスということになる。だから、スパイスをどれだけ知るか、スパイスをどこまで身近な存在にできるかがおいしさの鍵を握ることになる。

70 2010年に出版した『かんたん、本格！ スパイスカレー』という自著がある。この時代、世の中的にスパイスカレーというワードは使われている例を見つけられなかったため、タイトルにしようと思ったときにかなり悩んだことを思い出す。いつのまにか市民権を勝ち取り、最近では、ご当地カレーのひとつとして、大阪でスパイスカレーと呼ばれるものも出てきた。

コーヒーとスパイスと……

「コーヒーはブラックに限るよね！」

そう言ったのは、ひとつ年下の妹だった。僕が高校生のときのことである。家族の雑談でコーヒーの話になったとき、母とふたりで砂糖入りのコーヒーがどれだけ飲むに値しないものなのかを主張したのである。僕の前で勝ち誇ったように。あのとき、僕にはリビングの柱の陰から敗北感がこっそりこちらをのぞいているのが見えた。くそお、年下のくせに生意気なことを言いやがって。それまでコーヒーといえば、コンビニの甘い缶コーヒーくらいしか飲めなかったのだから無理もない。なんでもない会話の断片は、意外にもずっと僕の心の片隅に突き刺さったままでいた。

ブラックコーヒーを飲むというのは、僕にとってカレーにらっきょうをつけて食べるのと同じくらいオトナな行為だった。苦味の効いた味わいをどうしても受け入れられなかったのだ。大学に入ってテレビ局で雑用のアルバイトを始めたとき、転機がやってくる。報道番組の狭い制作室には、当時、タバコとコーヒーの香りが充満していた。夜を徹し、朝のニュースに備えるその部屋で、僕は毎晩、何杯ものコーヒーを飲んだ。もちろんブラックで。決して好きになったわけではない。ここは修業の場だと決め込んで、無理をして飲み続けたのである。あれがいい訓練になったのか、いつしかコーヒーをブラックで飲むのは当たり前の行為になっていた。

コーヒーに興味を持ったのは、学生時代に好きで聴いていたバンド、サニーデイ・サービスに「コーヒーと恋愛」というタイトルの曲があったからだ。コーヒーのある風景をボーカルの曽《そ》我《か》部《べ》恵《けい》一《いち》さんがしっとりとそして軽やかに歌う。その後、獅《し》子《し》文《ぶん》六《ろく》の大衆小説に同名のものがあることを知って読んだ。ああ、この小説の影響で生まれた歌だったのかもな。そんなふうに想像したりしながら曲を聴き、コーヒーを飲んでいるうちにすっかり僕自身が影響を受け、コーヒーにはまってしまっていたのだ。

一度興味を持つとのめり込むタイプだから、間もなく僕は下北沢のコーヒー豆専門店へ足を運ぶようになった。大枚をはたいて、電動ミルも買った。炒りたてを買ってきて自分で挽いた豆の香りは、信じられないくらい心地よく、バイト先の制作室の記憶は吹き飛んでしまいそうになった。あのころの僕は、コーヒー以上にカレー作りに夢中だった。あるとき、自宅に買い込んであるスパイスを挽きたくなって、ふとコーヒーミルが目に入った。いけない、いけないよな……と思いつつ、クミンシードをざらざらと入れてスイッチを回す。

ウィーン、ガガガー、ズリズリズリ。いつもより少しだけ軽やかな音がしてきれいなパウダースパイスができあがった。一瞬の感動を味わった直後に、僕は当たり前のことに気がついた。クミンパウダーはほんのりとコーヒーの香りがする。必然的に次にコーヒー豆を挽けばコーヒーはほんのりとクミンが香ることになるのだ。それも悪くないという気がしてしばらくミルはコーヒーとスパイスの兼用として活用していたが、長くは続かなかった。やはりコーヒーはコーヒー、スパイスはスパイスのままでいてほしかったからだ。仕方がないから2台目の電動ミルを購入し、新しいほうに油性マジックで「Coffee」と書き、古いほうに「Spice」と書いた。色も形もまったく同じ2台のミルは、今でも自宅に仲良く並んでいる。

コーヒーのおいしい喫茶店がランチでカレーを出すケースは多い。だから、コーヒーとカレーというのは、昔から相性のいいコンビという印象が強いんじゃないかと思う。でもその理由がなんなのかを考えてワクワクしてしまうのは僕くらいなのかもしれない。興味があるのはそれらの成り立ちだ。とある植物のとある部位を採取し、焙煎して粉砕し[71]、何らかの方法で加熱する。その結果、コーヒーが生まれ、スパイスで作るカレーが現れる。そしてどちらも素晴らしく香りがいい。味わう前に存分に香りを楽しむことができる飲みものであり食べものである。なんて不思議で、なんてロマンチックなことだろう！

毎朝のようにコーヒー豆を挽き、ドリッパーをセットして自分で淹れる生活は、

71 採取した豆や実、種などを乾燥させ、焙煎して粉に挽く。その後、加熱調理するという点においてコーヒーとカレーはプロセスが似ている。コーヒーは単一の豆で作られるが、カレーは複数種類のスパイスで作られる点が違う。さらに、日本におけるカレーの世界では、粉に挽いたあとに「熟成」させるというプロセスが重視されるのは、独特の感覚だと思う。

もう何年続いているだろうか。フィルターの中でモコモコと盛り上がってくる泡を眺めながら、鼻腔をくすぐるいい香りを楽しむ。あの瞬間はたまらない。熱した油の中で丸のままのスパイス[72]がシュワシュワと優しい音を立てて揺れているときと同じ高揚感がある。ああ、やっぱりコーヒーとカレーは仲間なんだな、と思う。

「おいしい！　同じ豆で淹れたとは思えないわね」

　そう言ったのは、母だった。数年前の年末に帰省し、家族と団らん中にコーヒーでも飲もうかということになった。よせばいいのに「俺がコーヒーの淹れ方を教えてやるよ」なんて偉そうなことを言って、いつもの豆を用意させ、家族の前でドリップを披露したのである。この〝面倒くさいコーヒーマニア〟によるプレゼンテーションは、意外なほどウケた。得意げにコーヒーをすする。実にうまかった。「やっぱりコーヒーはブラックに限るよ」といつか聞いた言葉が口をついて出そうになったが我慢して、僕はささやかな喜びを噛みしめた。

　僕自身、スパイスをめぐる冒険には相当な紆余曲折があった。おびただしい数の失敗を重ねた末に、スパイスの正体を知った。インド料理を勉強することで配合のバランスを覚えた。初めて自転車に乗れた子どものように僕はなにかにつけてスパイスを配合してはカレーを作った。その結果、スパイスでカレー

72 クミンやフェンネルなどのシードは、シュワシュワと勢いよく泡が出始めるまで。レッドチリは、強い赤色からほんのり焦げ茶色っぽく変色するあたりまで。カルダモン、クローブはプクッと膨れるまで。……などなどおおまかな目安はあるが、スパイスのエッセンシャルオイルの揮発温度は60度前後と言われているから、基本的にはほとんどのスパイスは、それほど強い火で加熱する必要はないと思う。

の設計図がスラスラと描けるようにまでなったのだ。

調子に乗ったのは言うまでもない。スパイスなんて、ちょろいもんだ。僕は、いつの間にかスパイスの配合を軽視するようになっていた。おいしいカレーを作るために大切にすることはもっと他にあるはずだ、と。それが大きな間違いだと気づいたのは、つい最近のことである。

ジグソーパズルのピースを埋め込むようにスパイスの配合がカチリとはまったとき、できあがるカレーはため息がでるほどの完成度になる。ごくたまに自分でそんなカレーを作れてしまうことがある。宝くじを当てるようなまぐれに近い確率でしかないが、パーフェクトな配合というものは確かに存在するのだ。いつかそれを導き出す法則を見つけられたら……。そう、だから僕は、まだまだ果てしない冒険の途中なのである。ゴールはまるで見えないから、これからもずっとスパイスを手に右往左往するのだろう。

旅に病んで夢はカレーを駆け廻《めぐ》る。芭蕉《ばしょう》になった気分だよ。

5.

静かに、そして優しく煮込むのだ

カルチャーとサイエンス

鍋の中には、ベースやスパイスが絡まった鶏肉がゴロゴロとしている。真っ赤な夕焼けの中心にある太陽のようだ。ここからスープを注いでいくとその赤さが少しほどけて鍋中全体に広がっていく。ざっと混ぜ合わせると色が混ざり合い、オレンジ色の油脂分が点々と表面に見えてくる。僕だけのマジックアワーと呼んでもいい瞬間だ。

一度グツグツとするまで煮立て、それから弱火にする。スパイスカレーを作るとき、調理プロセスとしては、前半で炒めて後半で煮込むというのが一般的だ。そこに僕は蒸し煮・蒸し焼きをはさみ込んだりするからちょっと複雑にはなるけれど。炒めて煮るときの心構えで大事なことがある。

強気で炒め、弱気で煮込む。

誤字ではない。強気は強火、弱気は弱火のことをさす。「じゃあ、はじめからそう書きなさいよ」と突っ込まれるかもしれないが、火加減の問題だけでなく、心構えも大事だからこう表現することにしている。

前半の炒めるプロセスの目的は、「水分を飛ばし味を凝縮させる」[73]ことにある。だから、強めの火加減で鍋中の素材から水分を抜いていく。同時に素材の表面を焼きつけるようにして、そこになかったはずの香味やうま味を作る。そのためには、ビクビクするのではなく、強い気持ちで鍋に向かうのがいい。

後半の煮込むプロセスの目的は、「素材の味わいどうしを融合させる」[74]ことにある。だから、弱めの火加減で鍋中の水分や素材をゆっくりと泳がせていく。このときに乱暴な真似をすると素材の風味を壊してしまう。だから、優しく丁寧にフツフツ、コトコトさせる程度で煮込んでいく。春のそよ風に青々とした葉が微かに揺れている。そんな気持ちだから、弱々しい自分を全面に出して鍋に向かうのがいい。

カレーには、「サイエンスのおいしさ」と「カルチャーのおいしさ」がある。これは煮込みの手法でも顕著に表れる。

たとえばインドの料理人たちがチキンカレーを作るときには、カレーソースを作った鍋にバーンと生肉をぶち込んで、強火でグツグツ煮たりする。割とアバウトに乱暴に。そう見えるだけで実は微妙な加減をコントロールしてたりするんだけどね。とにかくインド料理はそうやって、何百年も（何千年も？）安全に作られてきた。これはインドの食文化であり、「カルチャー」側の作り方。だけど調理科学的な「サ

73 前半のプロセスでカギを握るのは、「脱水」である。鍋に加えた素材の中に含まれている水分を抜くことによって、味が濃縮されたり引き締まったりするからだ。脱水すればするほど素材はつぶれやすくなる。つぶれると形が残らなくなる。カレーができあがったとき、目に見えないのにうま味が強まっているという不思議な現象が起こるのがおもしろい。

74 後半に加える素材は、具と水分。たとえば本書のレシピでいえば、鶏肉とスープだ。もともとベースとして鍋に入っているものの味わいと、新たに加えた鶏肉、スープの味わいが融合していくことになる。煮込み料理のおいしさは時間をかけることによって相乗効果が生まれることにある。混然一体となった鍋の中にそれまでなかったおいしさが生まれるのだ。

イエンス」側の視点からすれば、鶏肉をおいしく煮込むときにはやり方が違う。下味をつけて表面全体にこんがりと焼き色をつけて余計な脂を落とし、鍋に加えたら弱火で優しく煮たほうがおいしくなる。[75] このふたつの手法は相容れない。まったく別の方法を取っているわけだからね。

どっちが正しいかを決めようとすると、おかしくなる。「本場はこうだから、これがおいしいんだ」とインドでの作り方を絶対視するのと、「インド人もこうやって煮込んだほうがきっとおいしいと思うでしょ」という視点は、別にある。魚が海を泳ぎ、鳥が空を飛ぶくらい違うところに存在するのだ。どこに軸を置くかでおいしいを生み出す手法は変わってくる。

じゃあ、どうするの？　僕の場合は、日本に住む日本人だ。作りたいのも日本のカレーライスだ。それならサイエンスを重視したいかな。日本のカレーの煮込み方にカルチャーがあれば別だけれど、まだ150年ほどの歴史だからね。インドのように何千年もの歴史の中で培われたカレーの煮込み方はまだない。ひとまずサイエンスカレーで行こう、と僕は思っている。だから、弱気で煮込む。

ただね、それが正解ですか？　と聞かれたら自信はない。僕は「正解は？」と聞かれるとすぐに白旗を上げちゃう。正解がわからないからカレーはおもしろいと思っている。正解はきっとない。あるかもしれないけれど、ないと思っていたい。

75
具の味わいはさておき、とにかくソースがおいしくなればいい、というのであれば、強火でボコボコと煮立てるように煮込むのもあり。圧力鍋を使って短時間で具を柔らかくするような手法はこれに近い。ほろほろになった塊肉をカレーで食べるのはそれはそれでおいしい。ただ、具もおいしく味わおうと思ったら、コトコトと静かに煮込んだほうがいいと思う。

ないと思っていたらずっと工夫や進化をし続けられるのだ。

ファイナルカレー

僕にとっての進化が、誰かにとっても進化である保証はない。僕にとっての進化は、誰かにとっての退化なのかもしれない。

2017年に『いちばんおいしい家カレーをつくる』[76]という本を書いた。その〝ウリ〟は、「ファイナルカレー」というレシピだ。すごいよね。ファイナル、だよ。最後のカレー。キラーワードとでも言うんだろうか。僕が考えたんじゃない。有能な編集者が考えた名前だ。

ある漫画家さんとのコラボレーション企画で、僕のファイナルカレーのレシピを使って、「ファイナルカツカレー」なるものを作った。梅酒としょう油に漬け込んだ豚肉を低温調理してからカツにし、カレーと一緒にいただく。

この撮影で改めてファイナルカレーのレシピを自分で実践してみたが、まだまだアレンジの余地があるなぁ、と実感。すなわち、まったくもってファイナルではない。本が発売されてからまだ2カ月も経過していなかったのに、もう細かいプロセスの

76
カレーのレシピを3種類だけで1冊の本という贅沢な内容。しかも、究極の欧風カレーと究極のインドカレーと、さらにそれらのいいとこどりをしたファイナルカレーという、節操のないカレーを披露した。

順序をひっくり返したり、抜き出してはめなおしたりしたくなっている自分がいる。

その日の夜、ほぼ日で開催している「カレーの学校」の授業で、ファイナルカレーアレンジ版のデモンストレーションを実施した。どんな狙いからどの部分をどう変えたのかを解説しながら。それがよかったのかどうか……。

担当編集者からはかつてこんな話があった。

「水野さんは、これから先、ずっとファイナルカレーを作り続ける運命にあるのだけれど、決してアレンジしてはいけないと思うよ」

言いたいことはよくわかる。ミュージシャンがファーストアルバムで録音した楽曲をライブでアレンジしたら、ちょっとがっかりするのと同じだ。いつもＣＤで聴いている曲のまま生で聴きたいという気持ちがあるからだ。

でも、ステージで歌っているほうからすると、より心地よいアレンジを見つけてしまったら、披露したくなる。最初にレコーディングしたようには歌えない。少なくとも僕は原曲のまま歌いたくないシンガーだ。まあ、これは性格的なものだから、仕方がない。

学校で僕のアレンジデモンストレーションを見た生徒がこんなことを言った。

「変幻自在に変わるレシピ[77]。カオスの世界だ……」

そんなことを言われるとうれしくなってしまう。カレーを作るのは、プラモデル

77
材料というよりも手順にアレンジが加えたくなることが多い。スパイスカレーの手順については、ゴールデンルールで示したものが基本になるのだが、水野カレーに関してはすでにそのルールの入れ替えを行っている。いくつかのプロセスをまとめてみたり、個別に仕上げていって最後に合わせてみたり、ちょっとしたアレンジで仕上がりの味が変わるからおもしろい。

を組み立てるのとは違う。あれをこうして、とマニュアルや手順通りに進めていけば誰もが同じものを作ることができるのがプラモデル。プロセスに特別な意味はないけれど、「1→2→3」を「1→3→2」にしたら、とたんにガンダムは腕が抜けたり、立てなくなったりしてしまう。

その点、カレー作りは違う。「1→2→3」を「1→3→2」にしても別のカレーができあがる。その代わり、各プロセスにはすべてにおいて「そうするのはなぜか？」という意味や理由がなくてはならないと僕は思う。それを見つけられる限り、もしくは、それが見つかりさえすれば、カレーのレシピはいくらでも変化できるし、変化させるべきだと思う。

ただ、「変幻自在だなんて言われて喜んでいるのは無責任じゃないですか？」と突っ込まれても文句は言えないよね。いや、本で発表したレシピは、その後にアレンジしたレシピよりも劣っているとは限らないのだけれどね。だって、今の僕が「こっちのほうがおいしくなるんじゃないか」と思っているだけで、それを食べた人が「進化しましたね」と判断したわけではないのだから。きっと大事なのは、過去を否定しないことだと思う。

「ファイナルカレーは確かにファイナルカレーだよ。でも、実はもっといい作り方を見つけちゃったんだよね」

僕がそう言って別のレシピを発表したら、それに賛同してくれる人もいるだろう。でも、「なるほど、今の水野さんはそこなんですね。でも僕はあのときのファイナルカレーのほうが断然好きだなぁ」と思う人がたくさんいる。僕の進化はホントに進化なのかはだいぶ怪しいということになる。

でも誰がどう思おうと、僕がそれを進化だと思えば進化させ続けていこうと思っている。過去を愛してくれる誰かと今を愛する自分が共存できたらなぁ。

ところでファイナルカレーを世の中に発表したとき、僕は、ずいぶんと周囲から誤解を受けた。

「ファイナルだなんて、そうか、水野さんは、引退するつもりなんだな」

「ファイナルだなんて、言ってしまったら、これから窮屈になるだろうな」

ファイナルカレーとは、僕にとってのファイナルカレーではなく、読者にとってのファイナルカレーである。こんなカレーが作れるようになったら、もうこれ以上、レシピを探す必要はないでしょう？　というようなカレーを読者に対して提案したのだ。このことは、本の中でも伝えたつもりだ。

本書で僕は、「水野仁輔だけのおいしいカレー」のレシピを公開することになる。じゃあ、それが水野仁輔にとってのファイナルカレーなのか？　と聞かれれば、「現時点ではそうだけど、いつかは違ってしまう」と答えるしかない。現時点でベストなカレーが来年、再来年もベストになるとは限らない。それならば、いつだって「これでファイナル」ということはないわけだ。終わりがない。やった！　僕は一生、カレーを楽しめる。

とある撮影現場でスタイリストさんに聞かれた。

「水野さんて、すごくたくさんの本を出してますよね。いちばん好きなのはどれですか？」

こういう質問はなかなかないものだけれど、僕の答えは決まっている。

「いちばん新しい本です」

〝最新〟の自分が〝最善〟を尽くした結果が〝最良〟の本となる。必然的にそうなるものだと僕は信じている。おのずとこれから先の未来に出す本は、今より良くなるに決まっている。カレーだって同じだ。だから、僕はチャンスがある限り、新作を生み続けたいと思う。

でも、多作であることは、その分、苦しみも大きい。最良であるはずの最新作は、世に出た瞬間から僕の中では〝駄作〟となるからだ。ああしておけばよかった、なんでこうできなかったんだろう。自分の作品を見るたびに反省点ばかりが頭にちらつく。次こそは……。その繰り返し。

かといって、多作をやめ、じっくりと時間をかけて次作に挑もうとは思わない。「満を持して」という言葉は好きになれない。僕は一生、満を持すことはないのだから。

こういう僕の考え方について、昔から大きな自信を与えてくれる存在が、ウディ・アレン監督だ。ドキュメンタリー映画「映画と恋とウディ・アレン」が素晴らしい作品だった。ウディ・アレンは、映画の脚本を書いているとき、いつも『市民ケーン』のような大変な傑作ができあがった」と盛り上がる。ところが、撮影が始まると、避けがたい膨大な数の壁を前に打ちひしがれるという。

そして、〝失敗作〟を生み続ける羽目になる。

「傑作を作りたいと思っている。でも傑作と自分との間に立ち塞《ふさ》がるのは、いつも自分自身だ」

このセリフには本当に考えさせられた。

あるプロデューサーがかつて提案したことがある。

「作品を毎年出すのではなく、2年に一度にしてみたらどうか?」

「馬鹿げたことを……」

ウディ・アレンはハッキリと拒絶する。かつて、彼は、インタビュー集の中で、こうも言っている。

「僕はクッキーを焼くように映画を作り続けたい。あのウディ・アレンが3年ぶりに満を持して新作を発表！　なんてのはまっぴらだ」

僕もウディ・アレンのように創作し続けたいと改めて思った。まるでクッキーを焼くようにカレーを作り続けたい（紛らわしい）。とにかくあの映画は本当に素晴らしい作品だった。また僕はウディ・アレンから大きな勇気をもらった。

レシピを疑い、レシピを守る

僕だけのマジックアワーは、美しい光景だ。鍋中にスープを注ぎ込んでいるときは恍惚《こうこつ》としてしまう。だからといっていつまでもうっとりしていてはイケナイ。うっかりスープを入れすぎてしまうからだ。入れすぎたら取り出すことはできない。鍋の中にある玉ねぎやら鶏肉やらスパイスやらと混ざってしまうからね。だから、気をつけたい。

塩と水は足したら引けない。

いつも声高にしつこく言っている。塩を足しすぎたら、しょっぱくなってしまう。できあがったカレーから塩分だけを抜くのはマジシャンでも不可能だ。水分を足しすぎたら、シャバシャバッとしてとろみが弱く味の薄いカレーになってしまう。濃くしようと思ったら時間をかけて煮詰めるしかない。煮詰めていくうちに具がボロボロになってしまったりしてうまくいかない。

塩と水との間には非常に密接な関係がある。水分が多ければ塩気は足りなくなり、塩が多ければ水分が足りなくなる。バランスを取ろうとして双方を補っていくと今度はベースや具の足りないカレーになってしまう。

塩と水に関することは、本当に本当に大切なことだ。もしかしたら、カレーを作る上で最も大切なことかもしれない。だから、もう一度言おう。

「塩と水は足したら引けないよ。だから、控えめに控えめに加えよう。途中で足りないなと思ったら後から何度でも足せるから」

でもさ、レシピ本に書かれた塩の量や水の量なら間違いないでしょ？　と思うかもしれない。信用してはいけない。その本を書いた著者が、どんなにあなたの尊敬するシェフや料理家だったとしても、僕は塩と水の量については信用するべきではないと思っている。

たとえば「塩 小さじ1」と書かれていたら、粒子の粗さによって塩分濃度は変わる。粗い塩なら塩分濃度は下がり、きめ細かい塩なら塩分濃度は上がる。じゃあ、グラムで計量すればいいではないか。そのほうが確かに確実だ。でも、使用する塩[78]のブランドによって、塩味が違う。同じ10gを使っても、1g当たりの塩分濃度は違うのだ。レシピの材料に書かれた塩にブランド名まで指定してあれば信じていいかもしれない。

次に水だ。「水200ml」と書かれていたら、まあ、水に関しては、それほど味わいの差はでない。硬水か軟水[79]かで違うくらいでカレーを作る場合、それほど強い影響はない。それよりも問題は火加減と鍋のほうにある。「弱火で30分ほど煮込む」とレシピにあったとする。

あなたの弱火は誰かの弱火と同じだろうか？ 絶対に違う。ほぼ同じでも微妙に違う。すると、30分後、鍋中の水分の蒸発具合はだいぶ変わってしまう。

鍋の大きさや材質も大きく影響する。底面積が広いか狭いか、アルミなのか鉄なのかステンレスなのか、厚みは何ミリなのか。

あなたの鍋は誰かの鍋と同じだろうか？ おそらく違う。熱伝導率が違うわけだから、30分後の差は想像がつくだろう。

これと同じことがレシピ開発者と読者との間にも起こっている。そういう意味でいえば、レシピの「材料」と「作り方」は、目安でしかないのだ。なにもかも信じ

78
今、僕がカレーについて強い興味を持っている分野のひとつが、使う塩の種類である。海塩なのか岩塩なのか、という大きな差があるし、それ以上にブランドや産地によって味わいがまるで違う。どの塩がカレーの味わいやスパイスとの相性にどう影響するのかをもっと正確に知りたい。それはまだ僕には難しすぎて手に負えないテーマである。

79
どちらを使うかによってカレーの味わいにどう影響するかは、僕がこれから探求したいテーマのひとつ。

てはいけないと言うつもりはない。だから、最も味に影響を与えそうな「塩と水」に関しては信じないで、と言いたい。

レシピが目安だからといって、なんでも目分量でやる、というのはオススメできない。おもしろい話を聞いた。東京カリ~番長のリーダーが姉にカレーの作り方を教えることになった。僕らが一緒に出した、『世界一やさしいスパイスカレー教室』[80]という本の巻頭に載せている基本のチキンカレーを題材にレッスンをする。

姉の家に行き、揃っている材料を確認したところ、玉ねぎがひとつ多かった。4人分のチキンカレーに玉ねぎをひとつ使うレシピだから、それ以上玉ねぎは要らない。そう指摘しようとしたとき、姉から思わぬひと言が出た。

「今日は玉ねぎを2個使いたいのよね」

「いや、でも、レシピはひとつだよ」

「だって、いいじゃない、ふたつ使いたい気分なんだから!」

リーダーは絶句したという。それからどうしたと思う? リクエスト通り2個を使って4人分のカレーの作り方を教えたそうだ。優しい。でも、いけない。レシピに玉ねぎ1個と書いてあったら1個にしてもらわないと。塩と水の量は信じるなと言っておいて矛盾することを言うようだけれど、カレー作りのテクニックを上達させたかったら、最初の何回かはレシピ通りの分量で、レシピ通りの作り方に従って

80 スパイスを使った基本のチキンカレーのレシピを20ページにわたって詳細に説明した1冊。東京カリ~番長の各メンバーもレシピを披露した。

作るべきだ。それは、レシピの開発者に敬意を払え、ということではない。レシピの開発者があなたよりも確実に上手なのだから、ということでもない。

レシピ通りに計量することで自分の中にモノサシができる。

「なるほど、玉ねぎ1個200gを炒めるとこうなるんだな」という感覚。この感覚がとても大事。これが精緻化されればされるほど、カレー作りは自分のものになる。そこから先は、リーダーの姉のようにすればいい。

今日は、玉ねぎを2個使いたい気分なの、と思ったとき、2個使ったらどう仕上がりが変わるのかは、自分のモノサシが教えてくれるだろう。あとはそのモノサシをどうレベルアップさせていくかを考えればいい。

モノサシが大事だという話でいえば、道具についても同じことが言える。よく、「カレーを作るのにいちばん適した鍋はどんなものですか?」と質問を受ける。僕はこれまで材質も形もサイズも違うさまざまな鍋でカレーを作ってきた。どれがいちばんいいかを決めたかったからだ。

その結果、オリジナルのカレー鍋[81]まで開発するに至った。素材や形がどうこうという問題も大切だが、それ以上に大事なのは、「使う鍋を変えない」ということだ。

81 「水野仁輔 カレーの鍋」という商品。燕三条の鍋メーカーと共同開発した。「炒めて煮る」というカレーを作るうえで大事な調理プロセスに最適な形状になったと自負している。フッ素樹脂加工がちょっと弱いのが難点だが、最近、改善されたようだ。

自分が今持っている鍋を使えばいい。ただ、カレーを作るときにはこれ、と一度決めたら、その鍋を使い続けよう。それを使ってさまざまなカレーを作り続けていると、熱伝導はどうなのか、どのくらい玉ねぎに火が入るのか、煮込んだときのソースの具合はどうなるか、などなどのモノサシができるようになる。

昔ヒットしたサッカー漫画に「ボールは友達」という名台詞があったが、「鍋は友達」だと思ってカレーを作ってほしい。その訓練をしていけば、いつか「弘法、筆を選ばず」みたいな境地にたどり着けるはず。

西麻布のバー「ヘルムズデール」で、2日連続ポークカレーを食べた。僕にモルトウィスキーの魅力を教えてくれたオーナー、村澤さんがお店にいらっしゃって、久しぶりに話す。ポークカレーを出してくれるときにこう言った。

「今使っているカレー粉の扱い方[82]がようやくわかってきたんですよ」

もうずいぶん前からこの店ではカレーが名物だ。それなのに最近ようやくわかったという。扱い方と言ったような記憶があるけれど、〝向き合い方〟みたいなニュアンスだったような気もする。ともかく「わかるな〜、その感じ」と思った。彼は控えめにこうも付け加えた。

「このカレーは僕でないと作れないんですよ。スタッフでは微妙な加減がね……」

82 鍋に水分が入って煮込み始めてからカレー粉を使うのは、あまりいい使い方ではない。パウダースパイスも同じだが、エッセンシャルオイルが加熱によって揮発し、香りが出る。その香りが水に溶けだすものと油に溶けだすものがある。カレーに使われるスパイスは、水溶性ではなく、油溶性のものが多いため、温かい油と絡め合わせるプロセスが大事になる。

これも「わかるな〜」と思った。しかも、この微妙な加減というものは、紙に書いたレシピでは表現できない。つきっきりで教えたとしても相手がよっぽど飲み込みのいい人でない限り、簡単に伝授できるものではない。

作り手のクセみたいなものも味に反映されるから、結局、その人が作らないとその人の味にはならないのだ。だからやっぱり、「わたしだけのカレー」を突き詰めるのがいい。

隠し味について

適度な分量でスープを注いだ鍋の中を一度、グツグツと煮立てる。それから火を弱めて煮込んでいくのだが、ここで隠し味を投入したい。マーマレードとココナッツミルク、しょう油である。どちらもほんの少量だ。加えて煮込もう。

隠し味は隠れてなくてはならない。

これは鉄則だ。マーマレード[83]が好きだから煮込みに使いたい。でも、食べた人に「あ

83 砂糖やはちみつなどの甘味もカレーの隠し味としては有効だが、フルーツ系のジャムやチャツネは、風味があってよりよい。なにを使うのかは好みによって分かれるところだが、僕は、ポークカレーやチキンカレーならマーマレードの柑橘系のスッキリした風味と甘味を合わせたい。一方、ビーフカレーならブルーベリージャムのようなふくよかな風味と甘味がいい。

あ、これはマーマレードの味が効いていておいしいですね」なんて言われたら失敗だ。「なにが入ってるのかわかんないけどうまい」と言ってもらわなくては。

ココナッツミルクはなめらかさやコクを加えてくれるけれど、多すぎると南国のイメージが強くなってしまうから気をつけたい。しょう油のような発酵調味料をカレーの隠し味に使うのはちょっと反則技だと思う。僕たちはこの味が好きで幼いころから慣れ親しんでいるわけだから、しみじみとしたおいしさはこういう隠し味から生み出される。どことなく滋味深いというのかな。ま、反則技だからって遠慮することはない。ただし、しょう油も入れすぎたらカレーの色が濁ってしまう恐れもあるから気をつけたい。

味わいを左右する5つの加減

カレーを煮込むときにふたをするべきかしないべきか、という問題がある。これにはなかなか答えが出せない。今のところ僕は、ふたをしないのがいい[84]と思っている。弱気で優しく煮込みたいからだ。仮に家庭のコンロで最も弱い火力に設定したとしてもふたをして煮込み始めたら鍋中は結構な圧力がかかる。だから、5分もし

84
ふたを開けて煮込むほうが僕の好みだが、長時間煮込むカレーの場合、スパイスの香りが飛びやすくなるのがちょっと難点。知り合いのインド料理ジェフにこの話をしたら、彼は、マトンカレーだけはふたをして煮込むようにしている、と言う。マトンの塊肉を柔らかくするのにそれなりに時間がかかるから、スパイスの香りが飛ばないようにということかもしれない。

ないうちにふたを取ってみると、グツグツ、ボコボコと煮立った姿に出会うだろう。グツグツじゃなくてフツフツがいいのに。ボコボコじゃなくてポコポコがいいのに。

この加減はなかなか表現できないことだけれど、おいしいカレーを作るときには大事になってくる感覚である。感覚については5つの大事な要素がある。

塩、水、火、油、手の5つの加減がカレーの味を決めている。

カレーの味を決める要素なのにこれらについてはレシピで正確にニュアンスを表現できない。じれったい！

はっきり言ってカレーをおいしく作るのは簡単なことだ。おいしくなる材料を加えればいいのだから。それはおしゃれな服で身を固めたり、すごく上手にメイクをしたりするのに近いのかもしれない。身だしなみは大事なことだけれど、変われるものなら中身から変わりたい。

材料が見た目だとすれば、作り方は中身だ。人間性や性格を変えようと思ったら、どんな材料を使うかよりもその材料をどう使うかに注目したい。それがカレーのおいしさを作ると思っている。同じレシピで複数の人が作ったときにカレーの仕上が

85
塩の量は、人それぞれ適正量が違うが、一般的には塩味を強めにすると食べたときに「おいしい」という印象を残しやすい。そのため、外食のカレーは塩気が強めに効いている可能性が高い。いずれにしても塩はカレーを作るのに極めて重要なアイテムだから、できるだけ自然塩を使うように心がけたい。

りが変わるのは、作り方に人柄が反映されるからなんだろう。そういう意味で、カレーの個性を決めるのは、「塩・水・火・油・手」の加減なのである。

塩は、カレーの味の〝根本〟を決める。[85]塩気のないカレーは食べるに値しない。輝きのない星のようなものだ。車輪のない車や、音のない音楽や、言葉のない詩や、桜のない春のようなものだと思っていい。不思議なことに塩は素材の味わいを引き立てる。味わいのみならず、スパイスの香りや辛みさえ引き立ててくれる。だから、香りが魅力のカレーに塩がないのは禁物だ。ま、野菜の中にも肉の中にも少しくらいは塩分があるのだけれどね。

水は、カレーの味の〝性格〟を決める。水分が少ないとカレーは味が濃縮される。夏の暑い日に重ね着をしてみたり、しゃべり出したら止まらない男に拡声器を持たせてみたりするような、濃厚さが生まれる。だが時にはしつこくなることもある。逆に水分が多すぎるカレーは、さっぱりあっさりとしすぎてしまい、食べ応えが足りなくなる。カレーをどんなやつにしたいかは、[86]水分のコントロール次第だ。

火は、カレーの味の〝キレ〟を決める。火は時には強く時には弱くするべきだ。「強気で炒め、弱気で煮込む」とはそのことを言っている。火の強弱はカレーの味のメリハリにつながる。[87]火加減に緩急をつけるとそのカレーはビシッと締まりのある味

86 カレーは後半で煮込んで仕上げることが多い。この煮込みのプロセスで水分量が多くもなり少なくもなる。だから、実は、ここのテクニックが決め手になっている、味わいを左右している可能性は高いと思う。

87 カレー作りの実力がかなり上がってきたときに、差が出るのは、このテクニックだと思う。わかりやすくいえば、カレー店のプロのシェフレベルで差が出やすいのが火入れのテクニックだ。腕のいいインド人シェフになると、狭い店内にいる客の全員が咳き込むようなスパイス使いをする人がいる。それだけ香りが立っているから、カレーはメリハリのきいたおいしい味になる。

になる。厳しいはずの上司が突然優しくなることや、雨が降り続いたあとにいきなり太陽が照りつけることや、電池の切れていたロボットが急に動き始めることのような、ハッとさせる切れ味の鋭いおいしさを作り出す。

油は、カレーの味の〝度量〟を決める。油を警戒する人は多い。理由はたくさん使うと体に悪そうだから。僕もかつてはそうだった。自分で作って自分で食べるならたっぷり使うけれど、イベントで出したり、レシピで紹介するときにはビクビクしながら控えめの油でどれだけおいしさを作れるのかに腐心した。でも、ずっと頭の片隅に残っている思いがある。[88]油は使えば使うほどカレーがおいしくなるのだ。

油は果たして本当に体に悪いんだろうか？　原材料が特定できる良質な油を大量に使うカレーと、なにからとったかわからない油を控えめに使うカレーと比べたらどうだろう？　フランス料理のシェフは、調理過程で出る油脂分を極力取り除き、最後にたっぷりバターを加えて料理を仕上げることもあるという。水野カレーでは、鶏皮を取り除く代わりにスタートの油を多めにしている。

信用できる、体によさそうな油を大量に使う、みたいなのが僕の方針だ。油はビビらずに堂々と入れよう。そうしないと穴の開いた太鼓を叩いたような期待はずれな味のカレーになってしまう。油を使う僕らの度量も試されている。

手は、カレーの味の〝正体〟を決める。炒めているときに鍋をいつ振って木べら

88
たとえば、過去に経験のある例では、4人分のカレーなら最大100 mlくらいまでは加えたことがある。それで味をまとめることができるのは経験済みだ。乳製品やナッツなどのコクは「重たい」という印象を受けやすいが、油の多いカレーは意外と食後感に重さを感じにくい。4人分のカレーに60 mlくらいは使っていいと思う。

郵便はがき

料金受取人払郵便

豊島局承認

4455

差出有効期間
2020年4月3日
まで

1708780

052

東京都豊島区南大塚2-32-4
パイ インターナショナル 行

追加書籍をご注文の場合は以下にご記入ください

●小社書籍のご注文は、下記の注文欄をご利用下さい。**宅配便の代引**にてお届けします。代引手数料と送料は、ご注文合計金額（税抜）が3,000円以上の場合は無料、同未満の場合は代引手数料300円（税抜）、送料360円（税抜・全国一律）。乱丁・落丁以外のご返品はお受けしかねますのでご了承ください。

注文書

ご注文書籍名	冊数	お支払額
	冊	円
	冊	円
	冊	円
	冊	円

●**お届け先は裏面に**ご記載ください。
（発送日、品切れ商品のご連絡をいたしますので、必ずお電話番号をご記入ください。）

●電話やFAX、小社WEBサイトでもご注文を承ります。
http://www.pie.co.jp　TEL：03-3944-3981　FAX：03-5395-4830

ご購入いただいた本のタイトル

●普段どのような媒体をご覧になっていますか？（雑誌名等、具体的に）

雑誌（　　　　　　　　　　　　）　WEBサイト（　　　　　　　　　　　　）

●この本についてのご意見・ご感想をお聞かせください。

●今後、小社より出版をご希望の企画・テーマがございましたら、ぜひお聞かせください。

ご職業	男・女	西暦　　年　月　日生　　歳
フリガナ お名前		
ご住所（〒　　　—　　　）　TEL		
e-mail PIEメルマガが不要の場合は「いいえ」に○を付けて下さい。　いいえ		
お客様のご感想を新聞等の広告媒体や、小社Facebook・Twitterに匿名で紹介させていただく場合がございます。不可の場合のみ「いいえ」に○を付けて下さい。　いいえ		

ご記入ありがとうございました。お送りいただいた愛読者カードはアフターサービス・新刊案内・マーケティング資料・今後の企画の参考とさせていただき、それ以外の目的では使用いたしません。
読者カードをお送りいただいた方の中から抽選で粗品をさしあげます。

5069 私カレー

をどう回すのか、煮込んでいるときに鍋中をどの程度どんなふうにかき混ぜるのか。素材を切るのも塩を振るのも火加減を調整するのも手で行う。手は五感と深く関わる。見て香りを嗅いで音を聴いて触って味見をした結果で手を動かすのだ。カレーの味の正体は手がつかさどっている。

塩加減、水加減、火加減、油加減、手加減は、どれが欠けてもいけない。崩してはいけないバランスというものがある。カレーという料理にはなかなか繊細な面もあるのだ。でも僕はこれまで、崩してはいけないカレーを意図的に破ったり壊したりし続けてきた。いや、むしろ、カレー作りとは、破壊と構築を繰り返す行為だという気もしている。

カレーに関するさまざまな取材を受けることがある。インタビュアーの問いかけに答えて懸命に考えを伝えようとしていると、ふと、自分と向き合っているような錯覚に陥ることがある。目の前の相手に説明したいのではなく、自分自身を懸命に説得し納得させようとしているみたいだな。

「水野さんが自身のカレー活動で他の誰とも違うと自覚していることはなんですか？」

「その源泉はどこからきているのですか？」

滅茶苦茶な難題を出されたおかげで、頭が混乱してしまった。カレーの調理という分野で言えば、僕は、ゴールデンルール[89]を発表してスパイスで作るカレーの基礎を提唱し、システムカレー学を発表して、その応用方法を提案した。その他にカレー調理に関する素朴な疑問を挙げられるだけ挙げては自分なりに分析し、自分なりの答えを見つけては世の中に検討課題を投げている。基礎と応用と課題。すべては、おいしいカレーを構築するための作業をやってきたことになる。

そこでふと思った。そんなに築き上げてばかりいていいんだろうか、と。このまま続けていたら、自分の築いたものの上でしかカレーのことを考えられなくなってしまうんじゃないか。鉄骨を組み立てて上へ上へと伸ばしていき、そこに立てば居心地はいい。基礎工事はぬかりがないからビルが崩れることはないだろうし、応用も効くから外から見てもそこそこユニークな建物には見えるだろう。高いところに立てば見晴らしがよく、いろんなものに気づけるから、新しい課題も見えてくる。疑問に思うことや提案したいことも声を大にすればそれなりの人には届くのかもしれない。でも、そこにずっといたら、身動きが取れない。高いビルの上にいるけれど、横に移動しようとしたらたったの50メートルも歩くことはできないだろう。

構築するということはとても前向きで進歩しているイメージはあるけれど、一方で自分を窮屈にしていく作業なのかもしれないと思った。構築とは正反対のことを

89
スパイスを使ってカレーを作るときのプロセスをルール化したもの。たとえば、「はじめの香り…油、ホールスパイス」→「ベースの風味…にんにく、しょうが、玉ねぎ」→「うま味…トマト」→「中心の香り…パウダースパイス、塩」→「水分…水」→「具…チキン」→「仕上げの香り…フレッシュスパイス」など。本書のカレーもこのルールを組み替えてレシピ化している。

しなきゃダメなのかもしれないな。なんだろう。破壊、かな。築き上げたものを壊す。自分のカレー活動には、〝破壊〟のエッセンスが足りないのかもしれない。見たことのないようなビルを建てることに一生懸命になっていたけれど、そのビルを壊さなければ別のビルを建てることはできないのだから。

破壊はアイデアの源泉になる。「え～？　カレー作るのにそんなことしちゃうの!?」みたいな斬新なアイデアを生むためには、作っては壊すをもっと繰り返さなきゃ。釣りでいうキャッチ&リリースみたいなことなのかもな。そんなに時間をかけて頭をひねって苦労して釣ったのに、逃がすの!?　みたいな。釣った魚を食べたいわけじゃない。釣れるか釣れないかの駆け引きに楽しみがある。カレーで構築したものの上に乗っかっていい景色を見たいわけじゃない。構築したかと思えば壊す。また築くことが楽しいはずだ。

「あれ？　ここにビルあったよね」

とか、

「あのビル、この前完成したかと思ったら、もう壊し始めてるよ」

とか。

ゴールデンルールとシステムカレー学は存在する。次に考えるべきなのはカレーを破壊するための手法なのかもしれない。来年の活動コンセプトは「破壊」としておこうかな。「破滅」でもいいけどね。「最近の水野、変だよね」みたいなね。

三種の神器

破壊と構築を繰り返していくといつか、究極のカレーにたどり着くのだろうか。いや、無理かな。昔から最上級表現が好きになれない。「究極の」とか「最高の」とかいうのが典型的な表現だ。ずっとそれを避けてきた。最近は、「世界一やさしい」とか「いちばんおいしい」とかを書籍のタイトルで使うようになったから、ときどき自分で自分のことを信用できなくなる。それでも、これはいいけど、これはいやだ、という〝なんとなく〟の線が自分の中にはある。

ある人気テレビ番組の収録を行った。スパイスカレーを披露する。たった3種のスパイスで本格的なチキンカレーができる、というもので、これは、何年も前からあの手この手で書籍で紹介してきたものだ。今回もそのレシピがベースになっている。収録前日に台本が送られてきた。台本といっても、おそらく10分にも満たない短いVTRだから、頭に入れなければならないセリフはほとんどない。ただ、スパイスカレーを作ればいいのだ。

気楽な感じで台本を斜め読みすると、ひっかかる言葉があった。「神3スパイス」と書いてある。なんて読めばいいのかわからない。「かみさんすぱいす?」「かみすりーすぱいす?」。それだけならまだよかったが、前後を見てみると、僕がスパイスを紹介するシーンでこの言葉が登場する。「ターメリック、レッドチリ、コリアンダー、この3種だけ[90]でおいしいカレーができるんです」と、ここまではいい。「僕はこれを神3スパイスと呼んでいます」とある。

???

僕は読み方もわからないのだ。僕はそう名付けた覚えも、呼んだ覚えもない。第一、「神」という表現が気に食わない。神とか天才とかを多用するのは最近の流行なのかもしれない。でも僕からすれば、なんとなくダサい表現だから、使いたくはない。これをテレビカメラに向かって僕は言わなきゃいけないのだろうか……。気軽に捉えていた収録が、急に重々しいものに思えてきた。やだな、やめたいな。出たくないな。登校拒否児童のような状態になって前夜を過ごした。

当日、収録の途中で、いよいよ「神3スパイス」のくだりがやってきた。軽くドキドキ鼓動が鳴るのがわかる。台本を読んでみると、どうやらあのセリフは、「かみすりーすぱいす」と読むらしい。

「これ、言わなきゃいけませんか?」

90 たとえば、ターメリック、レッドチリ、クミン、コリアンダーの4種からであれば、どの3種を選んでもバランスよく配合すればおいしいカレーができあがる。最近は、クミン、コリアンダー、フェンネル、ブラックペッパーの4種からでも、どれか3種を選べばおいしいカレーになることがわかってきた。あくまでも水野調べだけれど(笑)。

「あ、まあ」

「神3スパイスとか、言ったことないんですよね。こういう言い方が流行ってるんですか？」

「まあ、若者の間で」

「この番組って、何歳くらいの人が見てる番組なんですか？」

「40代～50代……」

「僕がこのスパイスを紹介するときに、〝三種の神器〟っていう言い方はしてるんですが……」

「はい、それで大丈夫です」

ということで、なんとか、三種の神器でよしとしてもらった。「神」という文字が入ってるから許してもらえたんだろうか。

番組の内容にはなんの不満もない。スタッフはとてもよく僕の本を読んでくれていて、何度も試作をしてくれて、結果や感想を打ち合わせのときも聞かせてもらっていた。真面目にスパイスカレーに取り組んでくれている。だから、誰が悪いわけでもない。もっと言えば、たいしたことではないのかもしれない。僕のようなあんなセリフひと言でひっかかってしまい、前に進めなくなるような人は、テレビの世界では、「面倒くさいやつだな」と認識されたりするんだろうか。

そもそも、そんなに深い意味があって「神3スパイス」を使っていたのではないのかもしれない。過剰反応をしているのは僕だけなのかもしれない。

いずれにしても、収録が終わって帰りがてら、僕は思った。やっぱりしばらくテレビに出るのはやめにしよう。なんとなく、肌に合わないメディアなんだと思う。なんとなく美しくないとか、なんとなく好きじゃないとか、なんとなく気持ち悪いとか、なんとなくおかしいと思うとか、なんとなく格好悪いとか、そういう「なんとなく」という感覚はこれからも大事にしていきたい。たとえ器の小さい人間だと思われても、なんとなく僕にとっては大事なことだと思うからだ。

鍋はコトコト音を立てている。その表面にいつかうっすらと明るくきれいなオレンジ色の油脂分が浮かんでくるだろう。そうしたら、このカレーは、ほぼ完成となる。それまで45分ほどの時間[91]がある。さて、なにをして待とうかな。インド料理でカレーを煮込むとき、特にそれが肉のカレーの場合、多くのシェフが、「オイルがセパレートしたらオッケーよ」と説明してくれる。確かに調理を見ているとボコボコと音を立てて煮込んでいる鍋中の表面に、ある瞬間、油が浮きあがり、パキッと見事にセパレートする。そのとき、鍋中が仕上がったことになる。

たとえば「弱火で45分」などという、正確に見えて実は曖昧なレシピ表記に比べ

91 肉の適正な煮込み時間については、肉質に個体差があったり、サイズが違ったり、調理プロセスが違ったりするから判断が難しい。本書のように丸鶏の各部位が混在しているときは、煮込みにいちばん時間のかかる部位に合わせるほうがいい。今回の場合、骨付きの鶏モモ肉。45分程度がベストだが、事前に炒めるプロセスで火が少し入っているから、30分程度でもいい。

れば、「オイルがセパレート」は目の前で起きている現象の説明だから、煮込み完了の合図としてはとてもわかりやすい。なぜセパレートするのか、おいしく煮込んだ証が本当にセパレートでいいのか、はわからない。だから本当は肉の柔らかさと味わいで判断できるのがベストなんじゃないかと思う。

いずれにしても、カレーを作るとき、僕たちが向き合っているのは紙に書かれたレシピではなく、鍋の中だ。鍋の中にあるものがすべてを教えてくれる。見て香って触って食べて、それを自分がどう感じるのかを優先させたい。さて、煮込みが終わるまで、なにを感じながら待とうかな。

6.

僕はこんなカレーを食べてきた

いい店とはなにか？

右手の人差し指と親指でキュッとなにかをつまみ上げるそぶりをしながら、「GHEE《ギー》」の赤出川《あかでがわ》さんが言った。

「日本人が好きな味は、これなんだよね」

珍しく僕がカレーの味について根掘り葉掘り聞くもんだから、いつになく饒舌《じょうぜつ》に語ってくれる。

「たとえばバターチキンは、沸点の低い生クリームと発酵が進みやすいヨーグルトのバランスを考えながら火を入れ、レモン汁を多めに加えて味をこの一点にまで持っていく」

結果、インド料理の〝大陸的な味〟に比べて、キレのあるカレーができあがるという。「GHEE」の礎を築いたのは、かつて僕が足繁く通った吉祥寺のインド料理店「カルダモン」[92]のアニールシェフである。とはいえ、「GHEE」に「カルダモン」の面影を感じたことは一度もないから、もうずいぶん前からこのカレーは赤出川さんの味へと変貌を遂げていたことになる。「33年間、変わらず同じメニューを作り続けるってどんな気持ちですか？」と尋ねると、「ストレスでしかないよ」

92 大学時代に足繁く通った店。当時の僕にとって東京都内で食べるインド料理店で3本の指に入るほど好きだった。今でも思い出すと無性に食べたくなる。サッパリとスパイシーで洗練された味わいだったと記憶している。

とうそぶいた。

店は一度閉店したが、その後復活し、原宿から市ケ谷、東銀座と店名を変えながら移転を繰り返し、再び原宿に戻ってきた。東銀座の店に通っていたある朝、携帯電話に赤出川さんからの着信が残っていた。なにか急用でもあったのか、と訪れると店内が暗い。その場にいた女性いわく、「カレー屋さんは昨日で終わりました」。ショックだった。「ＧＨＥＥ」のカレーが食べられなくなることよりも、赤出川さんに会えなくなることがつらかった。

会いたい人のいる店がある。それがカレーライフを送る僕にとってどんなに幸せなことか。ありきたりな感情かもしれないけれど、作り手の顔が見えなかったら、カレーを食べる意味なんてどこにあるというのだろう。

「もしまた移転することになったら、教えてくださいね」

「大丈夫、必ず連絡するから」

「でも、僕、携帯電話を解約しちゃいましたけど……」

「んー、まあ、なんとかするよ！」

赤出川さんは少しだけ面倒くさそうな顔をした。それがやたらとうれしい。いつまでもこの人に〝なんとかしてもらえる存在〟であり続けたい。改めて気持ちを引き締めた。そんなふうに店主と築いた関係は、僕にとってカレーがうまいかどうかという価値基準をいとも簡単に飛び越えてしまう。

「うまい店はシェフが作る。いい店は客が作る。そう思わない？」

カウンターに腰掛ける僕をまっすぐ見て、赤出川さんは軽やかにそう言い切った。

僕は大変な宿題をもらってしまった。

僕のカレー食べ歩き遍歴

おいしいカレーを食べたいと思ったら、カレー店に足を運ぶのが手っ取り早い。好きな店が決まっていれば簡単に幸せが手に入る。決まっていない人はある程度、数をこなさなきゃいけないかもしれない。誰かにオススメしてもらったり、サイトを見たりするのもいい。わたしだけのおいしいカレー店が見つかることを祈っている。

20年以上、カレー店に足を運んできた僕は、[93]かなりの店数を経験したことになるが、僕だけのおいしいカレー店が昔も今も不動のままだというわけではない。好きな店は目まぐるしく変わるし、同時にカレー店に行く目的さえ移り変わった。そんな僕の外食カレー食べ歩き遍歴をさかのぼってみると、僕は今、第7期に突入していることがわかった。

93 正確にカウントしたわけではないけれど、2000店くらいは行ったんじゃないかなぁ。ただ、今となってはそんな店数はどうでもよくなってしまった。

高校を卒業して上京した僕は、それまで通い詰めた浜松の名店「ボンベイ」の幻影を追いかけ、好奇心のままにあちこちを食べ歩いた。第1期である。東京での選択肢の多さに衝撃を受け、暇さえあればカレー店に足を運んだのだ。どの店に行っても新しいカレーの味に出会え、興奮した。それまで僕が知っていたカレーはカレーだったんだろうか？　と疑いたくなるほどのバラエティの豊かさだ。

後々振り返って、そうか、あのとき初めて僕はカレー好きになったのだと自覚した。それ以降、こう言うようにしている。「高校卒業まではボンベイファン、卒業後、上京してからはカレーファン」。思えば、浜松にいた時代、僕はカレーは好きだったけれど、「ボンベイ」以外の店に行ったことはなかった。「ボンベイ」を愛しすぎていたせいか、「ボンベイ」しか眼中になかった。

ところが上京をし、「ボンベイ」に行くのが夏休みと正月休みだけになってしまう。そんな状態で東京生活を送ることはできない。不安になった僕は東京で食べ歩きを始めたのだ。まるで名曲「木綿のハンカチーフ」を思い起こさせる展開である。

インドカレーをベースにキレ味鋭い刺激的な香りと適度に効いただしのうま味が融合する「ボンベイ」のカレーは僕の原点だ。ところが、東京で最初に出会った衝撃は、神保町「ボンディ」の欧風カレー[94]だった。

94 ヨーロッパにないのにヨーロッパ風カレー。その定義は難しい。インドカレーとの違いをよく聞かれるが、大きな違いとしては、小麦粉を使用してとろみをつけている点。ただ、小麦粉を使用しない欧風カレーもあれば、小麦粉を使用するインドカレーもごく一部あるので正確ではない。ホテルのレストランで出る欧風カレーから家庭でルウで作る欧風カレーまで幅広い。

古書店が立ち並ぶ街として有名な神田神保町は、カレー専門店も引けを取らず多く存在することから、カレーの街としても有名だ。そんな神保町カレー最古参のひとつである「ボンディ」は、極めて稀な立地だ。なんと古書店の中にカレー店がある。これはウソのようなマコトの話。

神保町交差点から九段下に足を向けて50メートルほど歩くと、左手に「神田古書センター」というビルが現れる。間口の狭い9階建てのビルにいくつかの古書店がひしめき合っているのだが、そのビルの表通りに「ボンディ」の看板は立っている。ポツンと置き去りにされたかのような看板に誘われてビルの階段を2階に上がると、年季の入った漫画雑誌が平積みされた書店に出くわす。シンと静まり返った空間で、古書特有のツンとする香りを鼻腔に感じながら狭い通路を進んでいく。すると本棚の先、右側の壁に沿って10脚以上の椅子が一列に並び、おとなしく座っている何人かの姿が見える。彼らは本を読んでいるわけではない。カレーを食べるために席が空くのを待っているのだ。その椅子が並ぶ突き当りに「ボンディ」の扉がある。

古書店の中にカレー店がある、のではなく、古書店の奥にカレー店があるのだが、店にたどり着くまでのこのアプローチがたまらない。僕が初めて訪れたのは大学生のころだ。食べたビーフカレーのおいしさは、店を見つけた喜びや列に並んで席にたどり着いた安堵感もろとも僕の胃袋に飛び込んできた。

あのころ、すでに店の看板や扉に書かれていた文字は目に入ってはいたはずだ。「欧風カレーの店　ボンディ」。昔も今も変わらない。それなのに「欧風カレー」の文字に反応を示さなかったのは、それがすでに僕の中でなんの違和感もない言葉になっていたからだろう。1990年代初めのことである。もう、世の中的には欧風カレーという食べものがすっかり浸透していたのだ。

「ボンディ」は、カレー界[95]のビートルズなんじゃないかと思うことがある。あのカレーを嫌いだという人はいない。僕自身、とりつかれたように食べていた時期がある。あのころは、レノン・マッカートニーの紡ぎだす宝石のように美しいメロディに身を委ねるように「ボンディ」のカレーを堪能していた。強烈なうま味を感じさせるあの味に「ずるいよな」と思ったこともある。

そして、いつからか僕は、「ボンディ」を避けるようになった。「どうだ！　うまいだろう？」。あのカレーを食べるたびに僕は、そんな無言のメッセージを勝手に感じていた。胃袋ごと支配しようと襲い掛かってくるあのカレーに屈してはならない。天邪鬼《あまのじゃく》な僕はそう身構える。「ボンディ」を認めることに、大衆に迎合しているかのような格好悪さを感じたことさえあった。だから誰もが好きなこの味を卒業し、自分にしかわからないおいしさを求める旅に出たのである。ちょうどビートルズを入り口に音楽の魅力を知ったロックファンが、ビートルズをあえて聴かないこ

95
「カレー界」という言葉は、ときどき使うのだけれど、そのたびに聞いた人に失笑される。「そんな世界がどこかにあるのか」みたいな感じで。ある！　と僕は思っているのだけれど。ちなみに「ボンディ」では、本当にBGMにビートルズがかかっている。

とで新たなミュージシャンや音楽へとのめり込んでいくのと同じように。

その後の僕は、欧風カレーに限らず、あちこちと食べ歩いた。北インド宮廷料理[96]と呼ばれることもある、老舗店「マハラジャ」でアルバイトしていたこともあって、インド料理店もあちこち行ったし、タイ料理の店もお蕎麦屋さんのカレー南蛮もなんでも食べた。「ボンベイ」のルーツとなった「デリー」にはまったのもこの時期だ。東京カレー事情の厚みを作っていたのは、オリジナル系のカレー店だ。インドや欧風などのカテゴリーに属さず、店主が独自に編み出した味わいで店を営んでいる。この系統が最も複雑で分類し難く、数も多い。

大学時代、足繁く通った店に神保町「エチオピア」がある。シャバシャバとしたソースに鶏肉が浮かんでいる。うま味も適度にあるが、それ以上に香りが特徴的だった。カレーはスパイスからできているんだ、という無言の主張を感じながら食べた。特にクローブを主体としたミックススパイスの印象が強く、クセになる。少し玄人好みするタイプのカレーだから、そんな自分に酔っていた時期でもある。

カレーを好きになると、ルウ系のカレーからスパイス系のカレーへと好みが移り変わっていく。おそらくほとんどの人が同じ道をたどる。そのスパイス系へ移行する過程に「クローブ期」[97]という時期が待っている。クローブの香りが強いカレーから離れられなくなるのだ。僕もそれが長く続いたが、やがて「エチオピア」は卒業

96
日本のインド料理黎明期を支えたインド料理店には、大きくふたつの系統があると思う。ひとつは、ムグライ料理。かつて北インドを支配したイスラム教徒たちが影響を及ぼしたとされるもの。もうひとつがパンジャーブ料理。北インド・パンジャーブ州で食べられている料理。どちらもタンドールと呼ばれる窯を使うのが特徴のひとつ。北インド宮廷料理という総称が正しいかどうかは自信がない。

97
カレーにクローブが効いていると、どことなく本格的な味わいになる。クローブの奥深い香りにはそんな性質があるのだろう。漢方薬のような感じもあるから、決してなじみやすい香りではないが、「克服する喜び」のようなものを感じさせてくれるのかもしれない。

することになった。

テーマを決めて食べ歩く

時代を感じさせるレンガ造りの建物は、ど真ん中に巨大な鍵穴を埋め込んだかのようなアーチ型の入り口がついている。真っ黒い両開きの扉は左右のサイズが違っていて、手をかけると大きい右側だけが動いた。ストライプ状のすりガラスから淡い暖色系の照明がほのかに灯っているのが見える。店が営業中であることを知る数少ない手がかりだ。開いているからと言って、ふらっと入っていけるような雰囲気はない。扉の上部、半月状の部分に「印度料理」という文字がなかったら、きっとここがカレー専門店であることは誰にもわからないだろう。

日本のカレーとはなにか？　を考えようとするとき、僕の頭に真っ先に浮かぶのは、渋谷「ムルギー」である。創業60年以上。渋谷・道玄坂から百軒《ひゃっけん》店《だな》商店街を入った先に店を構え、この街の変遷をずっと眺めてきた老舗店だ。カレーはたった1種類しかない。客にとって選択の余地は、「玉子入りか、玉子なしか」だけ。

シャバシャバした茶褐色のカレーソースに具は浮かんでいない。輪切りのゆで卵がきれいに並び、白いクリームが頼りなさげにかかっている。思わず唸るほど滋味深い。口に運び、のど元を通すと控えめなうま味が体じゅうに染みわたっていくような心地よさがある。複雑な味わいだがとげとげしさはない。スパイスはいくつかが引き立っているわけではなく、忘れたころにほのかな香りを届けてくれる。食べ進めていくにつれ、これが予想以上にクセになってやめられないのだ。

説明のつかない摩訶《まか》不思議なソースを食べているよう。そういえば、この店に通い詰めている料理雑誌の編集長が、「ムルギーを食べるとその日の体調がわかる」と真顔で語っていたことを思い出す。

印度料理という名のジャパニーズカレー[98]。「ムルギー」をひと言で表現すれば、そうなるのかもしれない。あんなカレーは日本で他を探してもふたつと見つからない。そして、もちろんインドでも見つけることはできないのだ。創業者の故・松岡さんは、農林省で電気試験所の技師をしていた時代に金の鉱脈を見つけるためにインドへ行った。鉱脈に加えて見つけてきたインドカレーの作り方を元に「ムルギー」を開店。2代目が継いで今に至る。

レシピは絶対に秘密。紙に書いて残すこともしなかったという。

「初めて作り方を見たときは衝撃的でした。とにかく手の込んだ仕込みをしていて、こんな大変なことをしてたのか！　って。父が継がせたくないと言ってた意味がそ

98
まだあまり耳慣れない言葉だが、日本で独自に生まれ育ったカレーのこと。お蕎麦屋さんで食べられるような和風カレーもそのひとつだし、欧風カレーもそうだが、もっと幅広い。インド料理やタイ料理とは違う。なにかしらのカレーや料理に影響を受け、日本人が試行錯誤の末にオリジナルで開発した味で、カレー専門店の味わいはほとんどがこのジャンルに属する。

のときやっとわかったんです」

山が好きだった松岡さんは、こんもりと盛るライスをエベレストに見立て、その裾野に広がるカレーソースに雪解けをイメージしてクリームをたらした。今もそのロマンチックな盛りつけは変わらない。きれいにスライスされて並べられた玉子が、闇夜に浮かぶ月に見えてくる。

渋谷「ムルギー」には、そこそこ長いこと足を運んでいる。食べるたびにおいしいなという喜びを感じる一方で、いつも同じ疑問がモコモコと湧き上がってくるのだ。この世に「ムルギー」がある限り、これからも僕は日本のカレーの魅力について自問自答を繰り返しながら日々を送ることになるのだろう。

かなりの数のカレー店を食べ歩いた後には、もうずいぶんなカレーマニアになっていた。すると、別の気持ちが芽生えてくるようになる。自分の知らないカレー店が世の中に存在することに我慢ならなくなってくるのだ。第2期の始まりである。

僕は、カレー店というカレー店をしらみつぶしに回り、網羅するようになった。自分の知らない店があるというだけで悔しくて仕方がない。どこどこの何々ってカレー店、知ってます？　などと初めて聞く名の店が出ると、1週間以内に必ず足を運んだものだ。ところが割と早めにこの作業には飽きた。

カレー店のことはだいたいわかった、みたいな勘違いをしていた僕は、別の店に足を運ぶようになる。すなわち、締めのカレー[99]を目当てにバーを飲み歩いたり、焼き鳥店がランチに出すチキンカレーを攻めたりし始めたのだ。こんなところにもカレーがあった！　という驚きが楽しくて、せっせと情報収集しては町へ出た。いずれにしても網羅していることには変わりない。

網羅して食べ歩く行為は長く続いたが、次第に飽きてきた。能動的にカレーを探すのをやめにして、たまたま入った店で巡り合ったカレーを楽しむようになったのだ。そんなふうに外食のカレーを楽しんでいる僕のことを誰かがこう言った。

「有線放送で聴く音楽に似てますね」

確かにそうかもしれない。カレー店以外の店のカレーを探し、それからカレーを探さなくなる。偶然の出会いを求めるようになったこの辺りは第3期〜第4期にあたる。徐々に僕はカレー店に足を運ぶ目的を見失い始めていた。

第5期、僕は改めてテーマを決めて食べ歩くことにした。

老舗のカレーってやっぱり偉大だよな、とかがふと頭をよぎったりすると、老舗カレー店ばかりに足を運ぶようになる。

東京・日本橋室町に1軒の名のないカレー店があった。名がないのは正式な店名

99
日本のカレーならではの感覚だと思う。バーだけではなく、和食のフルコースや豪華なステーキなどの最後にちょこっとサイズのカレーが出てくるレストランなどもある。

を誰も知らなかったからで、カレー好きの間ではずいぶん〝名の知れた〟存在だった。店の外壁には蔦がびっしりと絡まっていたから、「蔦カレーの店」と呼ばれていて、蔦の陰から「印度風カリーライス」[100]と書かれた看板が控えめに顔をのぞかせていた。中央通りに面した入り口の扉を開けて中に入ると、そこは大衆食堂という言葉がしっくりくる雰囲気だった。簡素な椅子とテーブルが無造作に置かれていて、主にサラリーマンが無心にスプーンを口に運んでいる。シャバシャバとしたカレーソースに豚のブロック肉が浮かび、にんじんやじゃがいもの塊とともに口に運ぶとヒリヒリと辛い。ひたすら素朴だが、なぜかご飯が進む味わいだった。客はひとり残らずこの「印度風カリーライス」を頼んで食べた。なぜならこの店には他にメニューが存在しなかったから。多くのカレーファンから愛された「蔦カレー」の店は、２００7年に60年もの歴史に幕を下ろした。日本橋室町のあの一角には、今も人けのなくなった蔦の絡まる建物だけがポツリと残されている。

ここ数年、凛《りん》とした佇《たたず》まいの老舗カレー店が、1軒ずつ姿を消している。何十年もの間、店主はカレーと向き合って生き、店に立って客を迎え続けてきた。その味わいには、弓矢が的のど真ん中を射抜くように「この味しかない」という切れの良さがある。メニュー構成もシンプルで、「これを食べてほしいんだ！」という店主の思いがハッキリしていて潔い。僕が老舗カレー店をひいきにしてしまうのは、そ

100
「○○風カレー」という表現も日本のカレーならでは。それだけ日本で独自に進化し、アレンジされたカレーが存在する証拠である。

んな魅力に惹かれているからだ。

たった10分間の幸せ

より具体的に企画として食べ歩きを楽しんだのもこの時期だ。「噂のカレー店へ行ってみよう」と題した企画を立てて、仲間たちといろんなカレー店を中継でつないでレポートしたことがある。「デリー」の極辛カシミールカレー[101]はどのくらい辛いのか？　とか、「ナイルレストラン」のムルギーランチは、本当に混ぜずに食べると怒られるのか？　とか。我ながらくだらないことをしたと思うが、反響は上々だった。

神保町「共栄堂」のカレーは何秒で出てくるのか？　みたいなこともした。ストップウォッチを片手に測ったら10分で楽しめることがわかった。

18時09分、半蔵門線が神保町駅に到着した。ホームに降りて改札に向かう階段を昇りながら考える。どこかにカレーを食べに行こうかしら。この後、19時からイベントが控えている。開場となる三省堂書店の1階エレベーター前で、編集者と18時30分に待ち合わせをしている。

101 「デリー」のカシミールカレーは、そもそもがかなりの辛口だが、それをもっと辛くしたメニューが存在する。そのくらい辛いカレーは一定の人気を誇っている。辛みは味覚ではなく痛覚だから、味わうというよりも刺激がクセになるという感覚で、エスカレートする傾向にある。辛さの段階を増やせるカレー店が人気なのも、それが理由のひとつ。

あと21分ある。と引き算しながら改札口を出たときには、たぶん、残り18分ほどになっていたはず。足早にスマトラカレー「共栄堂」を目指す。神保町で最も歴史の古いこの店は、神保町で最も短いスピードでカレーが提供される店でもある。

地下1階にある「共栄堂」の外階段、1階に到着した時点でケータイのストップウォッチをスタートさせた。秒を刻む画面をちらちら見ながら階段を降りる。

00分10秒。階段を降りるのに10秒かかったが、おそらく、これは画面の数字がちゃんと動いているかどうかを気にしながら恐る恐る階段を降りたからで、駆け下りれば5秒でついただろう。

00分25秒。ガラス張りの店を外側から見るこの「共栄堂」の雰囲気は本当に好きだ。ガラス戸を開けて店に入り、スタッフに「ひとりです」と告げて案内された席に向かう。ここで大事なのは、スタッフが席を案内し終わったあと、僕のための水を持ちに戻る前に注文を告げること。それができなければ時間のロスになる。椅子に座りながら「注文が決まったころに改めてきますね」的なそぶりを見せるスタッフに「ポークカレーで」[102]と注文。ここまで15秒というのは、上出来だと思った。

00分45秒。まず、水が来て、それからお馴染みのコーンスープがきた。ここまでで10秒。そしてその10秒後、ライスとカレーがやってきた。なんと、今日は、注文してからカレーが届くまでに20秒である。新記録かもしれない。

102
僕はできるだけ、その店のスタンダードメニューを食べるようにしている。それがその店の真価がわかると思うから。スタンダードが見つからない店では、チキンカレーを食べると決めている。いろんな店でチキンカレーを食べることで自分の中でモノサシができあがり、解釈しやすくなると思うから。

1分00秒。「共栄堂」のカレーに限らないが、ご飯とは別にカレーソースがグレイビーボート（ソースポット）に入って出てくるタイプの店では、僕は、レードルを使わず、ボートの取っ手を持ってそのまま全量のカレーをライスにドバドバとかけることにしている。いつものようにこの儀式を済ませ、スプーンを包んでいる紙ナプキンを少々野蛮にむしり取って食べる準備を整えた。この一連の儀式には15秒の時間がかかることがわかった。

5分45秒。ポークカレーを食べる。豚肉の脂身が信じられないくらい柔らかい。赤身の味はソースに出きってしまっているから味気ない。食べながら考えた。ポークカレーを作るときに生肉の状態で赤身と脂身を切り分け、脂身を煮込んでとろとろにして、最適な加熱時間、赤身はソテーしてカレーソースと混ぜ合わせたら、完璧な共栄堂ポークカレーができるのかもしれない。気づいたら、皿は空になっていた。ストップウォッチを見ると、5分45秒。店の紙ナプキンにマジックでラップタイムをメモりながら計算する。カレーを食べていた時間は、4分45秒間だ。食べ始める前に真っ赤な福神漬けを添えて写真を1枚撮ったから、あれをしなければ、4分15秒ほどで食べ終わっていただろう。速い人なら3分で済むかもしれない。

9分00秒。さて、店を出ようか、これなら、待ち合わせの時間に十分間に合う。……のだが、そういうわけにはいかない。空になった皿の傍らにまだコーンスープがたっぷり残っているからだ。「共栄堂」のコーンスープは、カレーを食べながらときどき合い間に口にするのが正しい食べ方だ。そのために、カレーが食べ終わるまで冷めないように信じられないくらい熱々の状態で提供される。これがいっこうに冷めてくれないから、スピード重視の日には厄介な存在となる。ふうふうしながら急いでコーンスープを飲む。慌てて飲んでのどを火傷しようものならこのあとに差し支える。トークイベントの本番が待っているからだ。登壇したものの、「すみません、さっきカレーを食べて火傷しまして、声があまり出ません」では困る。コーンスープを飲み干すのに3分15秒がかかった。これじゃ、カレーを食べている時間と大差ない。

9分35秒。席を立ち、レジに向かう。向かいながら９５０円をスマートに出せるよう、財布の中身を確認。１０５０円を準備してスタッフに渡す。

「ごちそうさまでした」

「ありがとうございました」

これで済む話だが、レジ横に置いてある自著のチラシを指さして、ひと言。

「これ、置いてくださってありがとうございます。宮川さんによろしくお伝えください」

「あ、これは気がつきませんでした、失礼しました」

みたいなやりとりをする。店の出口まで歩いて行ったところで、35秒が経過した。9分45秒。地上まで階段を上がれば僕の共栄堂時間は終わる。降りてくるのにゆっくり10秒なんだから、昇るのも同じだ。降りるときよりは少し軽いステップで、上がる。が、降《くだ》りより昇りのほうが大変だ。結局、同じ10秒間かかった。焼きリンゴと名物メニューが書かれた「共栄堂」の外看板が見える。この店に通うようになって20年以上が経つけれど、焼きリンゴを食べたことは一度もない。いつか食べてみたい、と20年間、思い続けているのだ。

三省堂書店に向かって歩き出す。時計に目をやると待ち合わせ時間まであと3分ほど残っていた。たった10分間で幸せに包まれる。そして今日のカレーも抜群にうまかった。やっぱり「共栄堂」は素晴らしいカレー店だ。

真面目なテーマにも取り組んだ。着目したのは、店の主だ。考えてみれば、僕がカレー好きになったのは、「ボンベイ」の永田さんというオーナーシェフのおかげだった。永田さんのようにカレーに情熱を注いだ結果、僕のようなカレー好きを世に生むことになった人が全国各地にいるに違いない。そんな店主を訪ね歩きたい。

特にその時期、僕はインド料理について強い興味が湧いていたこともあったから、日本人でいながらインド料理に魅せられ、インドカレーの店を営む人たちを訪ね歩いた。途中から食べ歩くだけでなく、取材をお願いして「インド料理をめぐる冒険」[103]という名の小冊子まで作るようになった。

常連になろう

テーマを決めて食べ歩いたあとにやってきたのが第6期。どこかの店の常連になろうとした時期があった。本当によく通ったのは、銀座「ナイルレストラン」だった。週に3日ペースで2年ほど通ったかな。そして、僕は、食べ歩きをしなくなった。第7期である。

今の僕は数軒の気に入りの店をローテーションすることで、幸せに浸っている。カレー店に行く最大の目的は、店主に会いに行くことだと断言できる。「あのカレーを食べたいな」もあるけれど、「あの店主、元気かな」があって店を決める。それが僕のスタンスに合っているし、それほど店主は魅力的な存在なのだ。

「GHEE」みたいな店をやりたいという人がいる。かつて原宿でうまいカレーをファッショナブルに提供し、コアなファンの心をわしづかみにした伝説の店だ。そ

103 僕が立ち上げた自費出版レーベル「イートミー出版」の処女作シリーズとなったもの。

こにいた伝説の人、赤出川さんは、現在、「ブレイクス」という店をやっている。彼の元で学び、実際に店を始めた人は多い。「今や赤出川チルドレンがいっぱいですね」と言うと「俺は独身だし、子どもはいないよ」なんて飄々《ひょうひょう》としている。うまい店はシェフが作る。かつて赤出川さんはそう言った。

僕が必ず食べるビーフカレーは、赤出川シェフが手掛ける作品のひとつである。スッキリと刺激的な辛さに背筋が伸び、ゴクリとのど元を通せば、おのずとため息が漏れる。少し遅れてじんわりと感じる滋味に心が奪われるからだ。カレーという料理をとことん突き詰めれば、洗練という2文字だけが残るのだとこの味が教えてくれる。……なんて言ったところで、魅力は十分には伝わらない。

大きな中華鍋に油を熱し、丸のままの唐辛子やいくつかのスパイスを炒める。溢れんばかりの牛ばら肉を投入して焼いていく。寸胴鍋に移すと前に残っていたわずかなカレーと融合し、煮込み終えたストックは、冷蔵庫で眠りにつくこととなる。イキイキとした香りとしみじみとした深みの共演がこうして果たされる。

「ブレイクス」のカレーは、インド料理にルーツを持つ。アニールという敏腕シェフが教えてくれたレシピをベースにしているからだ。ところが赤出川さんは、「自分がアニールの実力を超えることはないだろう」とリスペクトしつつ、「彼のカレーは大陸的な味でね、詰めが甘いの」と語る。「わかるでしょ?」と優しく微笑まれたら、こっちは背伸びしてでも「はい」とうなずくしかない。

赤出川さんには「おいしいものは独りで作らないとダメ」という信念がある。最後まで誰にも頼らず全力で手間をかけ丁寧に仕事をした結果、〝赤出川の味〟[104]になる。いつか作ってみたいカレーは、カレー粉で作るポークカレーだという。「角煮のように豚肉を煮て、冷ましたら脂を捨てる。スープをざるでそおっと濾《こ》すんだよ」。赤出川さんが話せば、どことなく詩的に聞こえ、まだ見ぬカレーもなぜかおいしそうに感じてしまう。その表現は〝赤出川の言葉〟になっている。食べてみたい！　でも、食べられなくても構わない。もう僕は赤出川さんのポークカレーを味わっているようなものだから。

いい店は客が作る。かつて赤出川さんはそうも言った。

果たして僕はいい店を作る客のひとりでいられているだろうか。カレーの食べ歩きをしなくなって5～6年が経つ。うまいカレーを求めて奔走していた時代が懐かしい。いつからか僕は外で食べるカレーにうまさを期待しなくなった。それでも「ブレイクス」に通い続けるのは、なぜか。ビーフカレーはうまい。でもそんなことにいちいち感動する時期はもうとっくに通り過ぎているのだ。

うまいという感覚は、あるカレー店を好きになる入り口に過ぎないのだと思う。やがて、その店で過ごす空間や時間にもっと大きな価値を見つけ、そのために足を

104 赤出川さんが直接カレーの作り方を伝授したお店のカレーをいくつかテイクアウトして食べ比べたことがある。まるで違う味わいのカレーが並び、レシピが同じでも作り手によってここまで個性が出るものかと実感することができた。

運ぶ。素朴な木の椅子に座って壁にかかった写真を眺め、ドリーミーな選曲のBGMに身を委ねる。そこに〝赤出川の店〟を楽しむ時間が流れるのだ。

赤出川さんのようになるには、どうしたらいいんですか？　それがわからないと、きっと「GHEE」みたいなカレー店はできないんだろうなぁ。

僕を夢中にさせたカレーたち

上京して初めて体験したリッチな味わいのカレーは、神保町「ボンディ」だった。「ボンディ」で働いていたシェフが次々と自分の店を持ち、どこもかしこも人気店であることを知った僕は、あれこれと通った。そのうち、ある店のシェフから「本当は修業したい店があるのに叶わなかったから『ボンディ』で働くことにしたんです」と聞いた。おお、そんな店があるのか。名前は、荻窪「トマト」と言う。かつて、「資生堂パーラー」でシェフをしていた小美濃さんが、始めた店だ。「ボンディ」よりも複雑怪奇で奥深いカレーがそこにあった。なるほど、欧風カレーというものは、フレンチや洋食のエッセンスが色濃いのだな。ふむふむ、と納得する僕が通うようになったのは、神田「ルー・ド・メール」だ。鈴木シェフは、「京橋ドンピエール」

の総料理長をしていた人だ。「ルー・ド・メール」のビーフカレーは、牛肉の扱いが絶妙でスッキリしているが深いおいしさがあった。ただ本当はこの店のビーフオムライスが僕は最も好きなんだけどね。

欧風カレーにはどっぷりとはまったが、その濃厚な味わいが次第にしつこく感じるようになってきた。僕も年を取ったのかな。それでも好きな方向の味だから、別の店を探す。もっとスッキリしたカレーを。たどり着いたのは、代々木上原「ラ・ファソン古賀」のランチカレー。さらりとしたソースにスープのうま味がガツンと効いている。うまい。毎日でも食べられるフレンチカレーである。もうひとつは、本所吾妻橋「レストラン吾妻」だ。ここの特製チキンカレーは、切れ味がすごかった。今でもたまに足を運んでいる。

好きな店がひとつできたら、そのルーツを調べてたどるのがいい。

それを実践したのが、湯島「デリー」であり麹町「アジャンタ」だった。特に「アジャンタ」は、上京したてのころ、親戚のおじさんが連れて行ってくれた店。生まれて初めて食べたインド料理である。チキンカレーもキーマカレーも辛すぎてヒーヒーしながら食べた。でも、じっとこらえて我慢していると辛みの向こう側にじんわりとおいしさがやってくるのがわかった。うまい。少し後になって、この店のマトンカレー[105]が好物になった。そのころ、僕は、1冊の本に出会う。浅野哲哉さんという人が書いた『風来坊のカレー見聞録　～アジャンタ九段店の調理場から～』。「アジャンタ」で働いてたシェフやスタッフを生き生きと描いたこの本を僕はドキドキしながら読み進めた。この店を卒業したシェフの店を食べ歩いた。全国各地にあったから、かなり楽しめた。

インド料理のカレーで最初にハマったのは、バターチキンカレー[106]である。ま、そういう人がほとんどだよね。それくらいこの料理は驚きに満ちている。六本木「モティ」のバターチキンは、大好物だった。こんなにうまい料理を作っているのは、いったい誰なんだろう？　それがデュワンという名のインド人シェフであることを突き止めたのは、だいぶ後になってからだ。彼が始めた千葉の店「デュワン」にも表敬訪問した。彼が「モティ」以外で働いていた店、検見川「シタール」にも同じバターチキンがあった。「シタール」で一緒に働いていた小松崎さんの店、船橋「サールナート」でもいまだに絶品のバターチキンが食べられる。

そうか、インド料理のおいしさは、それを作るシェフが握っているのだな。それを実感させてくれた店がもうひとつある。吉祥寺にあった「カルダモン」だ。アニールというシェフがいて、それはもう絶品だったのだけれど、彼が店から消え、

105
創業者出身の地、アーンドラ州の家庭料理がベースとなっている。ホールスパイスを油で炒め、水と一緒にミキサーでペーストにしてから濾したエキスを仕上げの香りづけに加えているという。僕はこの手法にかなり強く惹かれていて、自分なりにアレンジして実践することがある。

106
デュワンというシェフが開発したレシピだったということはだいぶ後になってから知った。そのデュワンから直接作り方を伝授された店が今も数軒残っていて、そこでは同じテイストのバターチキンが楽しめる。作り方のポイントは、ふたつ。ナッツをマリネに加えて香ばしく焼いたタンドーリチキンと、徹底的に煮詰めたトマトのうま味。本気で作ろうとしたら手間のかかるカレーである。

店名が変わったとたんに味気ないカレーばかりになった。アニールが手取り足取りカレーを教えたのが赤出川さん。彼が作っていたカレーは、原宿で伝説となった店「GHEE」で食べられたが、閉店。今は、神宮前「ブレイクス」で味わえる。

インド人シェフに注目するようになった僕は、5人の腕利きシェフを見つけた。青山「SITAARA《シターラ》」のフセインさん、錦糸町「ヴェヌス」のヴェヌ・ゴパールさん、御徒町「アーンドラキッチン」のラマナイヤさん、横浜「RANI《ラニ》」のハリ・オムさん[107]。新宿「コチンニヴァース」のラメシュさん。インド料理に関して言えば、彼らの店にだけ足を運べば他は行かなくてもいいくらいに信用している。

欧風カレーとインドカレーといえば、カレーのツートップのような存在だが、それ以外にも好きなカレーはジャンルごとにある。カツカレーなら、町田「アサノ」、ドライカレーなら中野「カフェハイチ」、スープカレーなら高田馬場「らっきょ」、カレーうどんなら神田「まつや」と巣鴨「古奈屋」。タイカレーも人気だが、タイカレーというジャンルについては、僕は行く店を1軒だけ決めている。駒沢大学「ピキヌー」だ。タイカレーでは日本一うまいと思うほど好きだ。毎月欠かさず妹と弟と3人で出かけるようになって、もう10年以上が経つ。

なにより魅力的なカレー店は、ジャンル分けを許さないオリジナルカレーである。

107 感覚と理論を二刀流で操ることができるシェフという印象があり、インド人の中でもこのタイプは稀有な存在。だから、話していても刺激的でたまらない。

そもそも欧風だ、インド風だ、タイ風だ、和風だ、なんて、まあ、食べる側の勝手な都合でジャンルを分けているのだけれど、そう分類して納得できる店は少なくない。でも、僕が本当に好きなカレー店は、唯一無二の味であり、なにかにカテゴライズできない個性を持っている。隠し切れない鋭い爪をむき出しにした鷹のような店だ。

筆頭は、神保町「共栄堂」であり、渋谷「ムルギー」であり、湯島「デリー」である。誰かを連れて行ったら「これはカレーなの？」とか「これっておいしいの？」などと言われそうなリスクと背中合わせのカレー。完全なるオリジナルだと言える。共通点は、3軒とも創業60年を超える超老舗であるということだ。

老舗がすごいんだ、ということを悟ったのは、だいぶ年を重ねてからだった。今の僕は、これらの老舗に2カ月に1回程度足を運んでいれば、他に食べに行くカレー店はどこでも構わないというくらい。それはまるでオールディーズばかりを聴いてすごす音楽生活のようだ。僕の記憶が確かならば、その昔、小西康陽さんが、「1970年以降に生まれた音楽は聴かない」となにかで書いていたことを思い出す。それをまねしているわけではないけれど、僕は、「1980年以降の音楽をほとんど聴かない」ことにしている。好きな音楽が1960年代と1970年代に集中しているからだ。

なぜそんな偏屈な趣味を持ってしまったのだろう。僕は1974年生まれだし、懐古趣味はない。不思議だな、と思っていたら、合点のいく言葉に出会った。山下達郎さんが、とある雑誌のインタビューでこんなことを話していたんだ。「よく『昔の音楽は良かった、それに比べて今のは……』などと言いますが、これもそんなことはないと思っています。いい曲だから時代を超えて残っただけの話で。50年代や60年代にも、つまんない音楽はたくさんあった。それが淘汰されて、いいものだけが残っただけの話なんですよ」(「BRUTUS」2018年2月15日号)。そうだ、きっとそうなんだ。60年の歳月を経て今も営業している店のカレーは、淘汰された後に残った名店の名カレーなのである。このことに対する僕の信頼感は絶大だ。ただ、これは僕だけのマニアックな視点であり、誰もが老舗を愛するはずだとは思わない。

ただ、自分の好みがある程度わかってきたら、そういった具合に少々偏屈でも自分だけのルールを決めて食べ歩くのがいいと思う。とにかく、大好きな店を見つけたら、徹底的に通い続けるのがいい。カレー店でカレーを食べる幸せは、きっとその先に待っている。

7.

おいしいが生まれる場所のこと

伝説の赤カリ～

都内の公園に続々と仲間たちが集まってきた。軽快なダンスミュージックが流れ、寸胴鍋からはカレーの香りが漂っている。1999年9月25日、僕は自作のカレーを友人に振る舞うイベントを開催した。

カレーを食べるというだけのことなのに噂が噂を呼び、30人ほどが集まった。使い捨ての素朴な紙皿に盛ったカレーを誰もがうれしそうに口に運んでいる。カレーを嫌いな人はいない、とはよく聞く話だが、本当にカレーは愛されているんだな、と僕は自分のことのようにうれしくなった。

イベントは大成功に終わり、定期的に開催することになった。僕は、仲間を集めてグループを作り、「東京カリ～番長」と名付けた。カレーのライブクッキングに特化した出張料理集団である。きっとそんなマニアックな組織は日本で初めてだったんじゃないかな。以来、18年以上に渡り、全国各地に出向いてはイベントを実施している。

どこでカレーを作っても、僕たちはたくさんの笑顔に囲まれる。思えば、林間学校やキャンプなど人の集まる場所には決まってカレーがあった。大鍋で作るとうまい、大勢で食べるとうまいという原体験が、カレーを特別な料理にしているのだと思う。「そこにカレーがある」ことが持つパワーは、絶大なのである。

あの活動をし始めたころ、僕には、マスターピースと呼んでいいカレーがあった。名前を「赤カリ〜」という。マリネして焼いた鶏肉だけが具となっている濃厚なトマトベースのカレーである。炒め玉ねぎを使い、生クリームとココナッツミルクで仕上げるという暴力的なうま味を持ったひと品で、今思えば、イギリスで国民食とも呼ばれているチキンティッカマサラ[108]に近いものだった。当時はチキンティッカマサラの存在は知らなかったから、自分なりに試行錯誤した結果、自信を持てる味に仕上がったのがたまたま赤カリ〜だったということになる。

赤カリ〜はその名の通り赤かったのだが、それは、ＰＡＴＡＫＳ《パタックス》というブランドのタンドーリチキン用ペーストに食紅が使われていたからだ。あるときからその食紅が輸入禁止になったという理由で、日本の市場に出回らなくなった。ＰＡＴＡＫＳのペーストがなければ赤カリ〜は作れない。やがて僕はあのカレーを作らなくなった。

自分で言うのもなんだけど、当時の赤カリ〜は、すごい人気だった。どのイベントに行っても、「今日は赤カリ〜はないんですか？」と尋ねられた。僕たち東京カリ〜番長は、「二度と同じ味のカレーは作らない」というポリシーを持って活動し

108
アングロ・インディアン料理と呼ばれることもある。インドを統治していた時代にイギリス人の好みに合わせてインド料理をアレンジしたメニューがいくつか生まれた。その代表作ともいえる。乳製品のうま味が強く出たチキンカレーで、インド料理でいうバターチキンに近い味わいだ。今もロンドンのパブなどでは人気メニューのひとつ。

ていたから、どのイベントでも必ず新作を作った。だから、2種類以上のカレーを用意できるイベントでしか、代表作の赤カリ~は登場しなかった。

あのカレーには不思議な引力があって、いまだに昔の僕を知る人たちからは、「あのときの赤カリ~がまた食べたい」と言ってもらえる。今思い起こしてもレシピの精度は決して高いとは言えない。だって、18年前に完成したカレーだよ。まだまだ駆け出しの僕の実力は知れている。

マリネして焼いた鶏肉を長時間煮込むから、赤く小さなかたまりはパサパサで、「これ、鮭ですか?」とか「たらこですか?」なんて聞かれたこともあった。スパイスの使い方のセオリーも知らないから、香りのバランスはいまいちだったかもしれないし、テクニックが足りない分、材料てんこもりで無理やりおいしくしたようなレシピだった。

そのレシピは、『俺カレー』という古い著書に残っている。僕が生まれて初めて書いたカレーの本だ。懐かしくなって確かめてみたら、意外にもスパイスの使い方については、いい線いっている。

「なかなかやるじゃないか」

今の僕が18年前の僕にそう伝えたくなった。もし当時の赤カリ~がここにあって、水野仁輔だけのおいしいカレーを作って食べ比べをしたならば、僕の感想は、比較する気にもならないほど今のカレーのほうがおいしいと思うだろう。でも、みんながそうとも限らない。100人に食べ比べをしてアンケートをとったら、もしかして、今の僕は昔の僕に負けるかもしれない。

カレーが鍋の中でクックッと音を立てて煮込まれている。まもなく予定していた煮込み時間が終わる。いよいよカレーが完成するのだ。ここで昔の僕なら最後にガラムマサラをひと振りしていた。

カレーの仕上げにガラムマサラを混ぜ合わせるというのは、カレーの煮込みにマンゴーチャツネを加えるというのと同じくらい「本格的な味わい」を出すための手法としてカレーファンの間で一世を風靡《ふうび》したテクニックだ。僕も自家製のガラムマサラを持ち歩くほど執心した時期があったが、いつしか、このガラムマサラには頼らなくなった。

香りが強すぎる。それが理由だ。スパイスの香りは、カレーの味を引き立てるためにバランスを考えて設計する。ところが最後に加えるガラムマサラが特徴的な香りを出しすぎると負けてしまうのだ。

特に一時期、僕がよく使っていたガラムマサラは素晴らしい香りだった。仲間のシャンカールがインドでオリジナル調合して輸入していたもので、なにがすごいって、ガラムマサラなのにだし粉やかつお節のような香りがするのだ。塩を混ぜ合わせたらそのままご飯に振りかけて食べられそうな香り。

原材料を何度も確かめたが、当然、その手のものは入っていない。不思議だった。最近、わかったことだが、当時の配合には、カルパシとスターアニスという、南インド・チェティナード地方の料理に使われることがあるマニアックなスパイスがブレンドされていたという。チェティナードスタイルのガラムマサラだったのだろうか。インドには星の数ほどいろんな香りのガラムマサラがあるのだから。

とはいえ、カルパシやスターアニスは単体で香ってもかつお節の香りはしない。当たり前のことだ。そこに使わなかったはずの味や香りが生まれるという現象は、極めてまれにあることらしい。船橋「サールナート」のオーナーシェフ、小松崎さんは、「タンドーリチキンが抜群にうまく焼けると唐揚げのような風味がするんだよね」と言っていた。唐揚げを作っているわけではない。タンドーリチキンを作っているのだ。それなのに目指していないはずの料理の風味がする。再現不可能だが抜群においしくなったりする。

僕にも一度だけ、経験がある。カレーを作ったときに入れていないのにしょう油の味がしたことがあった。あれは今でも謎だが、唸るほどうまかった。そういう意味で言えば、かつお節の風味がするガラムマサラは超上等なアイテムである。ただし、使い過ぎは禁物。使うならおまじない程度にパラリとやるのが僕の好みに合っている。

おいしいカレーとはいったいなんなのだろうか？ といつも考えている。そしていつまでも答えが出ないままでいる。

カレーにはサイエンスとカルチャーのふたつの側面がある、と書いた。でも、どちらでも説明のつかないところに存在するカレーというものもある。サイエンスでもカルチャーでもないなら、なんなのか。ノスタルジックか、エモーショナルか。流行っているものがおいしく感じることもあるし、うたい文句に心地よく翻弄されることもある。一緒に食べる相手によって味わいが変わったり、初めはわからなくても何度も食べることによっておいしさに気づいたりすることもある。

自分のカレーのファンになる

おいしいカレーが生まれる場所は、鍋の中だけじゃないのだ。

味の好みはさまざまな要素によって変わる。昔は苦手だった味が好きになるというのは、うれしいことだ。逆に昔は好きだったのに今は苦手、という味も出てくる。ちょっと寂しい。でも仕方がない。だから、今の自分の好きな味を愛するよりほかない。好きな味がわかったら、その〝好き〟に自信を持ったほうがいい。

タンドーリチキンが唐揚げの味になっちゃうと話してくれた小松崎さんから聞いた言葉で、今も折に触れては思い出しているものがある。

自分が自分のカレーのいちばんのファンになること。

大切にしていることは、これだという。そうすれば、そのうち、お客さんに1位の座を奪われることになる。店を営む身としては安心材料となるそうだ。大好きなミュージシャンのアルバムを買いまくって、自分で編集してベスト版を作るような行為に似ているかもしれない。この行為がエスカレートすると、まるで、アーティスト本人よりもその楽曲や魅力について熟知しているような錯覚に陥る。いや、実際にアーティスト以上に何度も何度も繰り返し聴いて曲を愛するファンというのはたくさんいるだろう。

そういえば、銀座「ナイルレストラン」のG・M・ナイルさんもまったく同じことを言ってたな。

「自分の店のカレーがいちばんうまいと思ってなきゃダメ。『こんなの作りましたがいかがでしょうか？』なんて自信なさげなシェフがたまにいるけど、あなたが自信を持てない料理をお客が楽しめるはずはないでしょう」

当たり前だけれど、小松崎さんもG・M・ナイルさんも、「わたしだけのおいしいカレー」をとっくに見つけている人なんだよなぁ。


そう考えると、僕は、ずっと自分のいちばん好きなカレーをアウトプットすることを避けてきたな、と思う。イベントでカレーを作るにしても、レシピ本を出すにしても、みんなが好きそうな味やみんな求められている味を作り、提案することに力を入れてきた。「ま、僕の好みは別にどうでもいいんですよ」みたいな感じで。

「水野さんが、なんのためでもなく、自分自身のためにカレーを作ろうってときは、どんなカレーを作るんですか？」

割とよく聞かれる質問だ。そういうカレーはあるけれど、それを発表するのは僕がやることじゃないと思ってきた。僕自身の好みでできあがったカレーだから、そのおいしさを誰かと共有したり、誰かに推奨したりするのは野暮なことだ、と。でも、ふと思い起こしたんだ。そういえば、東京カリ～番長を始めたばかりのころは、

「赤カリ〜」をせっせと作っていたじゃないか。エゴの塊のようなカレーを。僕はこのカレーが好きなんだ、みんなはどお？　とイベントで語りかけていたようなものだった。たくさんの人が呼応してくれたから、あれは僕のマスターピースになったのだ。

そういう意味では、今回、本書で紹介している「水野カレー」は、僕の20年近い活動歴の中で二度目に「俺のカレー」を公表することになる。感慨深いな、と思う。せっかくなら、当時の赤カリ〜のレシピも掲載しておこうかな。並べて見たらレシピ上はそれほど大差ないことに気が付くだろう。たいした進歩がなかったんじゃないか、と言われたらその通りかもしれないし、いや、レシピに書けないたくさんのことが進歩したんだ、とも言える。赤カリ〜もイベントで復活させてみようかな。

東京カリ〜番長のこと

出張料理集団「東京カリ〜番長」が18周年を迎え、19年目に突入した。おめでとう。１９９９年の9月に生まれたこのグループは、カレーのライブクッキングを主軸に全国各地を回ってきた。ある人の言葉を借りれば、「史上最強のアマチュアカレー集団」だし、また別の人の言葉を借りれば、「カレーでイベントができるというコンセプトを世の中でいちばん最初に体現した集団」である。なんて素敵な集団なんだろう。

そんな東京カリ~番長を僕は2017年の初めに脱退した。18周年をメンバーとして迎えられなかったということだ。脱退した理由は一言では言えない。ただ、最も意外だったのは、思いのほかたくさんの落胆や反対があったことだった。

「水野さんが立ち上げたグループなのにどうして辞めるんですか?」

「水野さんがここまでメジャーに育てたのに手放すなんてもったいない」

「水野さんのグループなのに……」

確かに僕が立ち上げたが、僕のグループではないし、僕が育てたわけではない。なんにしても「もったいない」と口ぐちに言われることが僕にはいまいち理解できなかった。感覚が違う、としか思えなかった。みんなが心配(?)してくれたのは、おそらくこういうことだろう。自ら立ち上げて長年、一生懸命努力してお金も労力も使って種をまいてきた、投資してきたグループがメジャーになりつつある。「さあ、ここからが刈り取りの時期だ」、「番長の水野を謳歌できる環境が揃った」ということのタイミングでまさかグループを去るだなんて。信じられない。

揉めたんじゃないか、みたいな憶測も流れた。違う。

ちょうどタイミングよく、「カレースター」と一部で呼ばれるようになったこともあって、番長を辞めてカレースターを取ったんだみたいな憶測も流れた。違う。

NHKとかによく出るようになってメジャーを選んだんだ、みたいな憶測も流れた。違う。

水野さんも変わったな、みたいなことを一部で言われているらしい。違う。どれも全部違う。みんないろんなことを考えるんだなぁ、と思った。

僕はメジャーになりたいみたいな気持ちがないし、地位や名誉や富が欲しいとも思ってない。過去に築き上げた（？）ものがあったとしても、そのひとつが東京カリ～番長という集団だったとしてもそこに執着する気持ちもない。だから、辞めようと思ったときにもったいないという感情はちっとも湧かない。僕が持っているものを誰かにあげたり誰かに取られたりすることはなんとも思わない。

それよりも次とか先を見て進みたい。新しいことをやりたい。あ、飽きっぽいのかもな。

僕が東京カリ～番長を辞めようと思い始めたのは、3年～4年ほど前からだ。リーダーには相談していた。いちばん大きな理由は、ちょっとおこがましい話だけれど、「僕がいたらこの集団は成長しないかもしれない」と思ったから。確かにこれまで

「東京カリ～番長は水野のものだ」と思われているところがあった。「東京カリ～番長＝水野個人だ」と思っている人も多かった。「え？　グループなんですか？」とか。僕のカレー活動が目立っていたから仕方がないのかもしれない。でも、カレー好きが集まった集団ではなく、カレーをモチーフにいろんなことを楽しむ集団なのだから、カレー活動をせっせとやっている僕がこのグループの中で目立つのは健全ではない。他のメンバーもやりにくいだろう。自分の所属するグループが水野のものだと言われ続けたら。

僕が辞めたら、みんなもっとのびのびと好きなことをやるんじゃないか。最初にこれを相談したら、リーダーからは、「水野が立ち上げたのに水野が辞めるのは無責任だ」みたいなことを言われて反対された。でも、ここ数年、タイミングを見てその話をし続けていくうちにリーダーも「そのほうがグループのためかもね」と考えるようになった。

一方、12人いるはずの東京カリ～番長の活動は、特定のメンバーに絞られつつあった。リーダー、ＳＨＩＮＧＯ／３ＬＤＫ、シャンカール・ノグチ、水野仁輔の４人。みんな仕事があって自分の生活があって、その合間をぬって番長活動をするわけだから、時間や労力が割けないのは仕方がない。モチベーションの高いメンバーだけがいつも顔を合わせるようになる。この４人が番長Ａチームと呼ばれるようになり始めると（笑）、他のメンバーも、「まあ、Aチームが動いてるからいいか」みたいな空気を出し始める。

Aチームの4人だけで東京カリ～番長名義でずいぶんといろんなイベントをやった。Aチームに頼り切っているグループの状態もいまいち健全ではない気がしていた。SHINGOやシャンカールは、ソロ活動もし始めていたし、個人で主催したイベントも十分に集客できる実力を持っている。

Aチームで福岡に遠征したとき、イベント終了後に打ち上げに行った割烹料理屋さんの個室で僕が切り出した。

「SHINGOとシャンカール、カリ～番長、辞めたら？」

僕は自分が辞めようとしていることはあえて言わなかった。でも、4年もの間、辞める辞めるとリーダーに言い続けていたから、どこかで聞いていたかもしれない。SHINGOの反応は、「まあ、それもありかもね」というニュアンス。シャンカールの反応は、「えー、辞めるのー!?」というニュアンス。ふたりとも前向きにとらえる気持ちはありつつも未練があるようだった。だって、東京カリ～番長の活動はとっても楽しいから。

でも、このまま僕たちがい続けたら、このグループのためにならないと思う、と話をした。このころにはリーダーも僕の意見に賛成していた。「その代わりにさ、僕はこのAチームで別のグループを結成しようよ」と持ち掛け、名前は「カレー将軍」にしようと4人で決めた。

SHINGOとシャンカールが番長を辞めて将軍を結成する。リーダーと僕もそこに参加する。ブルーハーツがハイロウズになったように。

「SHINGOとシャンカールは甲本ヒロトと真島昌利だね」

とかなんとか酔った勢いで言ったらシャンカールの目つきが変わった（笑）。ふたりは番長を辞めることを決め、カレー将軍が結成された。遅れること半年ほどで僕もリーダーの許可をもらって東京カリ〜番長を脱退することになった。

調理主任の僕が辞めるわけだから、新しい調理主任がいたほうがいい。ナイルレストランのナイル善己くんを口説いてメンバーに入ってもらうことになった。SHINGOとシャンカールが抜けた穴には、メロディ主任として中塚武くん、発酵主任としてシモジが入ることになった。リーダーはリーダーのまま東京カリ〜番長に残った。旧メンバーの3人が抜け、新メンバーの3人が入った東京カリ〜番長は今までよりもパワーアップした気がして、僕は嬉しかった。そんなことが1年くらいの間にあったのだ。

とまあ、すごく端折って簡単に説明すると、そういうことである。僕個人のことでいえば、東京カリ〜番長を脱退してカレー将軍に入った、というだけでそれ以外はなにも変わっていない。カレー将軍が18年続くかどうかはわからないけれど。

東京カリ～番長18周年記念イベントに遊びに行った。もちろん、4000円の会費を払って客として酒を飲んで大いに楽しんだ。久しぶりに顔を合わせたメンバーとも盛り上がり、新メンバーにもご挨拶。メンバーでなくなった僕は無責任なことをあちこちで言い散らかして楽しんだ、無責任ついでにイベントにオリジナルカレーパンを作りに来てくれた、三軒茶屋「ブーランジュリシマ」の島くんに声をかけ「番長メンバーに入りなよ」と誘った。リーダーも同じことを考えていたようで盛り上がった。こういう展開はたいてい実現するので、きっとそのうち、島くんはパン主任としてメンバー入りするのだろう。楽しみだ。

メンバー全員がそれぞれに作ったカレーを食べた。番長イベントでメンバーの作ったカレーを食べるのはいつぶりだろう。10種類くらいあったカレーはどれも抜群においしくて、正直、びっくりした。

「今日は俺のがいちばん人気ないんだよね」

いちばん上手にカレーを作れるはずのリーダーがそう言った。

もう、さすがに「東京カリ～番長は水野さんのグループだ」と言う人はいなくなるだろう。そして、いつか、僕は自分がこのグループを去ったことを後悔する日が来るかもしれない。来るといいな、と思う。

さて、僕らはカレー将軍でなにをするかな。東京カリ～番長に負けない活動をしたいと思う。

改めて、東京カリ～番長、18周年おめでとう！

ひと晩寝かせたあのうまさ

水野仁輔だけのおいしいカレーは、無事できあがった。さて、食べようか、というわけにはいかない。僕はカレーが完成してすぐに盛りつけて食べるのは好きじゃない。この完成は完成ではないのだ。ここから30分間、寝かせる。火を止めてふたをして、そのまま常温で放置するのだ。60分間ほど置いてもいい。とにかく落ち着かせる。

休み時間が終わってチャイムが鳴っても教室の中はギャーギャーとやかましい。扉がガラッと開いて担任の先生が入ってきた。教壇に立つとそれを見た生徒たちがバタバタと席に戻り、ひとまず静かになる。カレーができあがり、火を止めた状態は、この状況だ。すぐに授業を始めても生徒の頭の中には入ってこない。まださっきの騒ぎの余韻を引きずっているから。

先生は、表情を崩さず1分黙る。いや、2分黙ったままでいる。あれ？　どうしたんだろう？　もしかして怒ってるのかな。シーンと静まり返った教室がいつもの落ち着きを取り戻したころに口を開く。授業の始まりだ。ふたをして寝かせる時間は、この時間である。カレーを落ち着かせ、味わう準備を整える。

ひと晩寝かせたカレーがうまい、と昔から言われている。理由はいくつかあるが[109]ひと晩寝かせて強まるのはまろやかさやコクであって、香りは弱まってしまう。寝かせるかどうかは、どっちを重視するかで決めればいい。いいとこどりをしたいのなら、スパイスを控えめにして作り、寝かせてから温めなおすときにスパイスを加える手法がある。僕はひと晩寝かせた味が好きだ。でも、香りも生かしたい。だから、30分とか1時間だけ落ち着かせる、というスタイルが気に入っている。

我が家のカレー、いわゆるおふくろカレーもひと晩寝かせて翌朝にも登場した。煮詰まった分を牛乳でのばすことが多かったから前の晩とは違う味を楽しめた。カレーは、豚こま切れ肉を使ったなんの変哲もないカレーだった[110]。なんの変哲もないとか言ったら母親に怒られるだろうか。でも、振り返ってそう感じるのだから仕方がない。

記憶にはないが、僕は小学生のとき、「福神漬けがなきゃカレーじゃない！」と

109 寝かせてカレーがおいしくなるメカニズムは正確に理解できているわけではない。味がまろやかになり、落ち着くことが原因じゃないかと思う。また再加熱することによって煮詰まり、できたばかりのカレーよりも濃縮されたおいしさもある。ソースの味が具に戻ることも味わいを深めている理由のひとつ。肉じゃがやおでんが冷めたあともうまいのに似ている。

110 もちろん、市販のルウを使ったルウカレー。使用銘柄は、幼いころは、「ジャワカレー」で、中学生くらいから「ザ・カリー」になった。だから今でもこのふたつは僕にとって思い出の味。一方、カレーの活動をするようになってからは、レシピ提案などのときには「ディナーカレー」を使うことが多い。

偉そうに主張して母親を困らせたことがあるという。中学時代、家計に余裕が出たのか、ルウの銘柄がグレードアップした。あれがバブル期だったと知ったのは、社会人になってからだ。高校に入ると、玉ねぎを割としっかり炒めるようになり、メインの具は豚肉から鶏肉になった。きっとそのほうが本格的になるとどこかで聞きかじったのだろう。

カレーの味わいがちょっとずつ変わっても、我が家にはひとつだけ、揺るぎないルールがあった。それは、「2杯目以降は必ずキャベツの千切りをどっさり盛ること」だった。2杯目のカレーは、ダイニングテーブルの真ん中にドンと置かれた大きな鍋から自由に盛りつけていいことになっていた。当然、僕は、嫌いなにんじんをよけながら肉ばかりを盛りつけた。それを見ていた母親が対策を練ったのだろう。

キャベツのトッピングが、少しでも子どもに野菜を食べさせようという作戦だったことは、ずいぶんあとになって教えてもらった。それにしても子どもは素直である。ルールだと言われればなんの疑問も持たずに守るのだから。学校へ行って、「ねえねえ、お前んちさ、カレーの2杯目にキャベツ盛る?」などと友人に確認することは絶対にしなかった。

ホッカホカのご飯とアッツアツのカレーとの間に冷たくシャキシャキッとしたキャベツが鎮座する。モグモグとやるたびに違和感のある歯ごたえが口の中を駆け巡ったが、それにもめげず、僕はおかわりをしまくった。不思議なもので、今となってはあの違和感こそが恋しい。ときどきトンカツ屋さんに行ってカツカレーを頼むとキャベツの千切りが添えられてくることがある。食べると実家のカレーの味がする。カレーの味はまるで違うというのにね。

　懐かしさのあまり自分でおふくろカレーを再現してみたことがある。玉ねぎ炒めだってキャベツの千切りだって絶対に僕のほうが上手にできる自信があったけど、残念ながらあの味にはならなかった。

　おふくろカレーには、まだ僕の知らない秘密が隠されているというんだろうか。次に帰省するときに尋ねてみたいところだけれど、どうせ、「あんたにはまだ教えられないわ」と言われるに決まっている。

　寝かせたカレーは、まだ熱ければそのまま盛りつけるし、少し冷めてしまっていれば、温めなおす。ご飯は硬くも柔らかくもなく普通においしく炊く。これがいちばんいい。自分のために作るカレーを食べるときは、子どものころからずっと使っている平皿に盛りつける。実家から1枚だけ東京に持ってきている。もう40年間も[111]使っている皿だ。裏を見ると「NIKKO JAPAN」と書いてあって、おそらく、あの時代、全国各地のどんな家庭にも普通に置いてあったものだと思う。

111
カレーを食べるときの皿やスプーンは、いつも決まったものを使うのがいい。ノスタルジックなおいしさに拍車をかける。いつもの皿で食べていると、「おいしいカレーはこれだな」という自分だけの視覚的な効果も期待できる。ちなみに僕は、皿と一緒に40年前からカレーを食べるのに使っていたスプーンも実家から東京に持ち込んでいる。

左にご飯、右にカレーなんて上品な盛りつけはしない。ご飯を全面に盛りつけたら、上からドバーッとカレーをかけるのだ。僕にとってはそれがカレーの気分にピタリと合う。せっかく自分だけのおいしいカレーを作ったのだから、自分だけのスタイルで盛りつけて食べたい。

口に運ぶ。作り始めるときにイメージした通りの香りや味が口の中にひろがる。そうそう、この味が好きなんだよな。どんなカレー店で食べるカレーよりもはるかにおいしい。もしかしたら、俺って天才なんじゃないだろうか。いや、天才だ。天才に違いない。誰がなんと言おうと。このときばかりはそう思う。

幸せな気分に浸りながら別のことが頭をよぎる。こんなにおいしいカレーって料理は、いったい、何ものなんだろうか。

あなたにとってカレーとは?

あなたにとってカレーとはなんですか?

仮に誰かにそう尋ねられたら、どんな反応をするだろうか。カレー好きを自称する人なら、一瞬、立ち止まって考えてくれそうな気がする。カレーに特別な関心を持たない人なら、一笑に付すに違いない。「は？　なんのこと!?」。聞かなきゃよかったと後悔するほど冷ややかな反応が待っているだろう。優しい人なら、「そうね、おふくろの味かな」とか答えてくれるだろうか。意地悪な人なら、「カレー？　食べものだろ！」と語気を強めるかもしれない。

18年ほど前に出張料理集団「東京カリ～番長」を結成し、全国各地でライブクッキングをし続けてきた僕は、事あるごとにこの質問を受けてきた。水野さんにとってカレーとはなんですか？　聞く人の表情は決まってキラキラしていた。ほら、みんなが期待している言葉を返してよ。目がそう言っている。「世界でいちばん好きな食べものです」とか「最愛のパートナーです」とか、そんなふうに答えればよかったのだろうか。

初期のころに僕はよくこう答えていた。「カレーはコミュニケーションツールです」。これで何人をキョトンとさせたり落胆させたりしただろうか。まるで理解してもらえなかった。でも、僕のスタート地点はそうだったし、今も変わらない。カレーという〝ツール〟を手にしていることで、行きたい場所へ行き、会いたい人に会えた。見知らぬ街を旅するキッカケになり、刺激的ななにかに出会えるチャンスになった。

カレーを作り、カレーを食べてもらい、話せば盛り上がった。僕はカレーを通したコミュニケーションの魅力を18年以上前から感じていたし、東京カリ~番長の活動でそれが信じられないほど増幅していくことにドキドキして今までやってこられたのだ。そこにカレーがあるというだけで、たくさんの人が集まり、嬉々とする。カレーにどうしてそんな力があるのかわからなかったが、あるときから僕たちメンバーは、お互いに「結成したのが、『東京ラーメン番長』じゃなくてよかったね」などと言うようになった。コミュニケーションツールとして選んだ料理がカレー以外のものだったら、こんなに楽しい日々が続いたかどうかは疑わしい。

とはいえ、カレーがコミュニケーションツールであるということの不可解さが解消されたわけではない。カレーを携えてイベントに出張するたびに実感を強めていることが、これほどまで理解されないなんて……。不安が募った。僕はこのままこの活動をしていていいんだろうか。メンバーと何度も真面目に話し合った。たかがカレーのことでそんなに深刻にならなくても大丈夫だよ、と今なら当時の自分にそう言ってあげるだろう。

転機が訪れたのは、知り合いの編集者から受け取った、ある一通のメールだった。

「糸井重里さんが水野くんに会いたいって言ってるんだけど、どうする？」

「会います！」

理由はわからないけれど、僕に会いたいと言ってくれる人がいるなら僕は会う。カレーはコミュニケーションツールだから。ちなみに……、と編集者が張りつけてくれたリンクは、「ほぼ日刊イトイ新聞」のトップページに糸井さんが毎日書いている〝今日のダーリン〟というコラムだった。

何十行にも渡ってカレーのことが書いてある。カレーが好きだから、〝ほぼ日カレー部〟という取り組みを始めてみたい、というような内容だった。読み進めていくと、記事の真ん中あたりの文章で息が止まりそうになった。「東京カリ〜番長という人たちの活動も注目している」。え!? 心臓がバクバクした。続けて書かれていた一文に僕はノックアウトされたのだ。「カレーを軸にしてイベントができるというコンセプトは、この人たちから、発信されていたのだと思う」。（2005年1月17日「ダーリンコラム」）

大げさじゃなく、僕は放心状態になった。ずっと表現したかったこと、伝えたかったこと、でもなかなか理解してもらえなかったことがそこに書いてある。僕たちが最も大切にしてきたことがたった数行で的確に記されていたのだ。我に返った僕は即座にメンバーにリンクを送った。「俺たちはこのままで大丈夫なんだ。わかってくれる人は必ずいる！」。あの喜びは今でも忘れない。〝今日のダーリン〟は翌日には消えることになっているが、僕はあれを読んだその場で全文を保存して、今も大切に取ってある。

糸井さんとは、その後、いろいろな形で接点を持たせてもらい、現在は、一緒に〝カレーの学校〟という授業を実施している。一方で僕は、「コミュニケーションツールだ」という表現はしなくなっていた。言葉で理解してもらおうとしちゃいけない。長年かかってでも態度で示すんだ、と気持ちを切り替えたからだ。

ちょうどそのころ、東京カリ～番長のリーダーがうまい表現を編み出していた。「カレーとは、ライブである」と。そう、僕たちは、全国各地へ出張してカレーのライブクッキングをしているのだし、〝ライブ〟という言葉には活動の説明的な意味以外にもどことなく〝コミュニケーション〟を感じさせるものがあって気に入った。


カレーとはなにか？　という問いを自分以外の人にも投げかけたことがある。かつて、〝カレーの金言〟というプロジェクトを立ち上げたことがある。全国各地のカレー店を訪ね、店主へインタビューをする。テーマは、ずばり、「あなたにとってカレーとはなんですか？」。ほとんどの店主が、「いやぁ、そんな難しいこと、答えられないよ～」と及び腰だが、1時間ほどしゃべっていると、「もしかしたらこういうことかもね」みたいな言葉が出てくる。僕はそれを〝金言〟としていただき、印刷したオリジナルコースターをせっせと制作していた。

たとえば、札幌の井手さんは、「カレーとは、魔法である」。わかるわかる、僕もこれまでたくさんの魔法にかかってきた。同じく札幌の久保田さんは、「カレーとは、住処《すみか》である」。久保田さんの店は〝アナグラ〟という言葉がつくが、アナグラならぬスミカ。あの場所があるからこそ、いろんな人に会える。それが楽しくてカレー店を営んでいるという。

東京・下北沢の諏訪内くんは、「カレーとは、挑戦である」。他の店がやりたがらないフィッシュカレーに力を入れている彼は、現役バリバリな言葉で表現してくれた。神戸の桑原さんは、「カレーとは、幻想である」。長い間、カレーの魅力にとりつかれているのだろう。仙台の森さんは、「カレーとは、共感である」。耳慣れない名前のカレーが並ぶメニューに戸惑うお客さんに彼は注文前にすべてのカレーの味見をしてもらっている。共感を得るために。

静岡・浜松の中島さんは、「カレーとは蜃気楼である」。パキスタンで出会った衝撃のカレーをいつか再現しようと店を続けている。追い求めても追い求めても蜃気楼のように届かないカレーを今も追いかけている。カレーとはなにか？　について一生懸命話してくれる店主たちの言葉は、人生訓のように神々しい。人生について の贅沢なレッスン。そうか、彼らにとってカレーとは、人生（＝ライフ）なのだ。

そういえばカレーの学校でも、新しい期が始まるたびに48名の生徒に質問をしている。「あなたにとってカレーとは、なんですか？」。彼らはカレーに人生をささげた人間ではない。カレーには興味があるが、カレーマニアでもない。そんな彼らも悩み戸惑いながら答えを出す。初回に「カレーとは、お風呂である」と書いていた生徒が、最終回で「カレーとは、自転車である」と書き換えた。どちらにしても意味がわからないが、今度会ったら「その心は？」を聞いてみたい。

最近、とあるラジオ番組に出演したときに、あの質問を投げかけられた。咄嗟《とっさ》のことで、あらかじめ答えを準備することがなかった僕は、少したじろいだが、1時間ほどカレーについて話した上でのことだったから、意外にもスッと言葉が出てきた。「僕にとってカレーは道しるべです」。

大学卒業以来、20年近くサラリーマンをやってきた僕が、会社を辞めたのは2016年の年末のことである。〝AIR SPICE〟というスパイス頒布サービスを始めたことがキッカケで、カレーのことに本腰を入れてみたいと思ったからだ。そこそこ長い間、カレーと向き合って生きてきたが、まさか自分が会社を辞めて独立することになるとは思ってもいなかった。

そういえば、20年ほど前の僕にとっては、自分がカレーにまつわる活動をすることと自体、想像のつかないことだった。カレーの出張料理？　カレー本の執筆？　カレーの料理教室？　なにひとつ、思い描いたこととは違う。ただ、大好きなカレーと向き合ってきた日々がプレゼントしてくれたものである。

会社勤めをしながら二足の草鞋《わらじ》を履いてカレー活動をしてきたせいか、東京カリ～番長は、「史上最強のアマチュアカレー集団」と言われてきた。僕はその耳心地のよい言葉に安住して、これからもカレーの世界で自由に羽を伸ばしていくつもりでいたのに。独立を祝して、ある人気料理専門誌の編集長が僕のことを取材してくれることになった。ライターとして記事を書くことに名乗りをあげてくれたのは、なんとライバル会社で働く別の雑誌の編集長だった。

彼が遊び心で僕の顔写真に吹き出しをつけた。「いつまでもアマチュアだと思うなよ」。どうやら僕はカレーのプロになったらしい。激励の言葉に身が引き締まった。まさかこの自分がカレーで生きていくことになるなんて……。昔の自分に教えてあげたい。僕の人生は、カレーに導かれている。僕が決めるのではなく、カレーが決めているんじゃないかとさえ思うことがある。ライカローリングストーン。風に吹かれて、僕はこれからもカレーが決めてくれる道を進もうと思っている。

カレーはライブだ。今、目の前にあることに全力を尽くそう。死ぬまでこの世界で走りきったら、最後の最後に僕は、「ライブ」からこっそり濁点を取ろうかなと思う。カレーはライフ（＝人生）だ。いつかそんな日がやってくるだろうか。

◎初出

・コーヒーとスパイスと……（P.111）

コーヒーと恋愛、とカレー。／全日本コーヒー協会広報誌「Coffee Break vol.88」

・いい店とはなにか？（P.154）

会いたい人がいる／「dancyu ２０１６年1月号」（プレジデント社）

・常連になろう（P.171）

赤出川さんは「Blakes」にいる／「dancyu ２０１７年６月号」（プレジデント社）

・あなたにとってカレーとは？（P.200）

カレーは生き様だ！～カレーライフのすすめ～／「RiCE No.3 SPRING 2017」（ライスプレス）

・はちみつ仕込みの赤カリ～（P.209）

『俺カレー』監修 東京カリ～番長（アスペクト）

他、「カレー計画 the Curry Project／カレーになりたい」（２０１７年6月29日～２０１８年2月8日配信）

より一部抜粋しました。

はちみつ仕込みの赤カリ～

【材料】4人分

◎タンドリーチキン
骨付き鶏もも肉　4本
オリーブオイル　大さじ3
レモン汁　大さじ1
プレーンヨーグルト　500cc
香辛料（コリアンダー、パプリカ、ナツメグ、ガラムマサラ等）　適量
ケチャップ　大さじ3
はちみつ　大さじ5
ニンニクペースト、ショウガペースト　各大さじ1

◎スープストック
鶏ガラ　2～3本
水　2000cc
くず野菜　適量

◎カレーペースト
サラダ油　適量
クミンシード　大さじ½
タマネギ　大2個
ホールトマト　400g
ニンニク　1片
ショウガ　小1片
カレー粉　大さじ5

◎その他
ココナッツミルク　大さじ5
生クリーム、バター、塩　適量

【作り方】

❶タンドリーチキンを作る。
鶏肉を以外の材料をすべて混ぜ合わせる。そこに鶏肉を入れ、一晩以上漬け込む。オーブンで焼く。

❷スープストックを作る。
鶏ガラは一度熱湯でさっと洗い、血や汚れを取り除いておく。ときどきあくを取りながら、くず野菜とともに2～3時間以上煮込む。

❸カレーペーストを作る。
厚手の鍋にサラダ油を入れ、クミンシードを入れる。香りが出てきたらタマネギのみじん切りを加え、焦がさないよう飴色になるまで炒める。ニンニク、ショウガの擦り下ろしとホールトマトを加え、さらに20分ほど炒める。水気がなくなってきたら、火を止めて、カレースパイスを混ぜてなじませる。

❹①、②、③とココナッツミルクを一つの鍋に入れて、弱火で短時間煮込む。

❺バター、塩、生クリームで味を整える。

あとがき

「カレーを作るときに自分が使う素材の正体は、全部わかっておきたい」

あのとき、僕は確かにそう言った。

会場は下北沢の美容院、生徒は全員美容師、という不思議なクッキングデモンストレーションの場で。吸い込まれそうなほど真剣な眼差しの数々を受け止め、少々熱くなってしまった僕は、あの瞬間、自分が先生の立場であることを忘れていた。

たとえば、トマトペーストは使ってもトマトケチャップは使わない。前者の原材料はトマトのみ。トマトを煮詰めたものだ。でも、トマトケチャップは、なにをどうして製造された商品なのか僕にはわからない。そういうものを自分の作るカレーに使うのは、いやだ。健康に配慮している意識はない。ただ、自分がいやだと思う気持ちに従っている。

そう、みんなの前で僕は「いやだ」と主張したのだ。駄々をこねる子どもじゃあるまいし。「みなさん、正体はわかっておきましょうね」と言ったのではなく、「僕は、正体をわかっておきたい」と言ったのだ。メッセージではなく独白に近かったと思う。思えば本書は、丸ごと1冊をかけて、延々とカレーに関する独白を書き連ねてきたものだ。僕の大好きなカレーの姿についての独白書。

もうこの際、勢いに任せてあのことについても書いてしまおうと思う。今、僕の手元には、「水野カレー」のプロセス写真がずらっと並べてある。2カ月ほど前に撮影したものだ。改めて写真を見ながら、あのとき作ったカレーを思い起こしてみる。すると、一抹の反省が頭に浮かんできた。

鶏肉はやっぱりオーブンで焼くべきだったよな……。

作ったときは、あれがベストだと思ったのに。ひさしぶりにうまいカレーを食べたなぁ、と自画自賛したはずなのに。スープのうま味が効いているからチキンは具としてのおいしさだけを追求するべきだった。塩こしょうでも振って250度くらいに熱したオーブンで15分ほどキッチリ焼く。煮込みの鍋に加えたら10分ほどで火を止める。そうやってもう一度作り直したい。

玉ねぎの甘みが出すぎたかな。あれなら玉ねぎの量を減らすか、マーマレードはやめにしてもいいかもしれない。ついでにココナッツミルクもやめようか。しょう油を残すなら、食べた人が誰も気づかない程度の鰹節を混ぜ合わせてもよかったかも。油は太白ごま油にしておけばよかったなぁ。控えめの量でスタートして、仕上げに少しだけマスタード油を回しかける、とか。

2カ月しか経っていないのに、もう僕の好きなカレーの姿は変わり始めている。好きなカレーの姿は変わっても、カレーが好きだということに変わりはない。

写真が好きだ。

写真にのめりこんでいた時代がある。森山大道に憧れて街中を徘徊《はいかい》し、ウィリアム・クラインの写真集を手に大学の暗室にこもった。あるとき、森山大道の写真展を訪れた。そこでなにを思ったのか、僕は記名帳にこんなことを書いたのだ。

「はじめまして。僕はおいしいカレーを作ることができます。食べたくなったらぜひご連絡ください」

面識もない憧れの人に僕がなにかアプローチできることがあるとしたらそれしかないと思ったからだ。今思えばファンレターを通り越し、完全にストーカーの類の変態行為だが、当時の僕にはそんな意識はなかった。

もちろん連絡はいまだに来ない。当たり前か。さすがに期待はしていなかったが、自己満足に浸れたことは覚えている。自分に好きなものがある、自分の好きの中身がわかる。そんな喜びは当時から噛みしめていたのだから。

わたしだけのおいしいカレーを見つける作業は、カレーそのものの魅力を発見する作業だ。それさえできれば圧倒的に幸せなカレーライフがやってくる。そんな予感を少しでも感じてもらえただろうか。カレーという料理にファンレターを書きたくなるようなウズウズした気持ち。自分の好きがわかれば食べたくなり、作りたくなる。それが誰にも渡さなくていい宝物になる。

独白だって誰かの心を揺り動かす可能性はあるだろう、と信じている。

「ああ、水野さんは、そうやってカレーを好きになり、そんなふうに好きなカレーを見つけてきたのね。自分にもそんなエッセンスが、熱が眠っているのかも」と微かな火を灯すことができただろうか。「なるほど、そういうやり方があるのか。ちょっと取り入れてみよう」と具体的に参考にしてもらえただろうか。「俺は違うな……」、「わたしの場合はね……」。自分の好みを見直すキッカケにしてもらえただろうか。

さあ、次はあなたの独白を聞く番だ。どこかで僕と出会う機会があったら、ぜひあなただけのおいしいカレーについて、教えてほしい。それを楽しみに、今日も僕は僕の好きなカレーを作ることにしよう。

2018年春　水野仁輔

水野仁輔
みずの・じんすけ

ＡＩＲ ＳＰＩＣＥ代表。１９９９年以来、カレー専門の出張料理人として全国各地で活動。『スパイスカレー事典』（パイ インターナショナル）、『カレーの教科書』（ＮＨＫ出版）、『幻の黒船カレーを追え』（小学館）などカレーに関する著書は45冊以上。現在は、本格カレーのレシピつきスパイスセットを定期頒布するサービス「ＡＩＲ ＳＰＩＣＥ」を運営中。
http://www.airspice.jp/

わたしだけのおいしいカレーを作るために

２０１８年５月12日 初版第１刷発行

著　者　水野仁輔
装丁・デザイン　福間優子
撮　影　三木麻奈
校　正　広瀬 泉
制作協力　ＵＴＵＷＡ
編　集　長谷川卓美

発行人　三芳寛要

発行元　株式会社パイ インターナショナル
〒１７０-０００５　東京都豊島区南大塚２-32-４
ＴＥＬ 03-3944-3981　ＦＡＸ 03-5395-4830　sales@pie.co.jp

印刷・製本　株式会社サンニチ印刷

©2018 Jinsuke Mizuno / PIE International
ISBN978-4-7562-5069-8 C0077 Printed in Japan
本書の収録内容の無断転載・複写・複製等を禁じます。
ご注文、乱丁・落丁本の交換等に関するお問い合わせは、小社までご連絡ください。

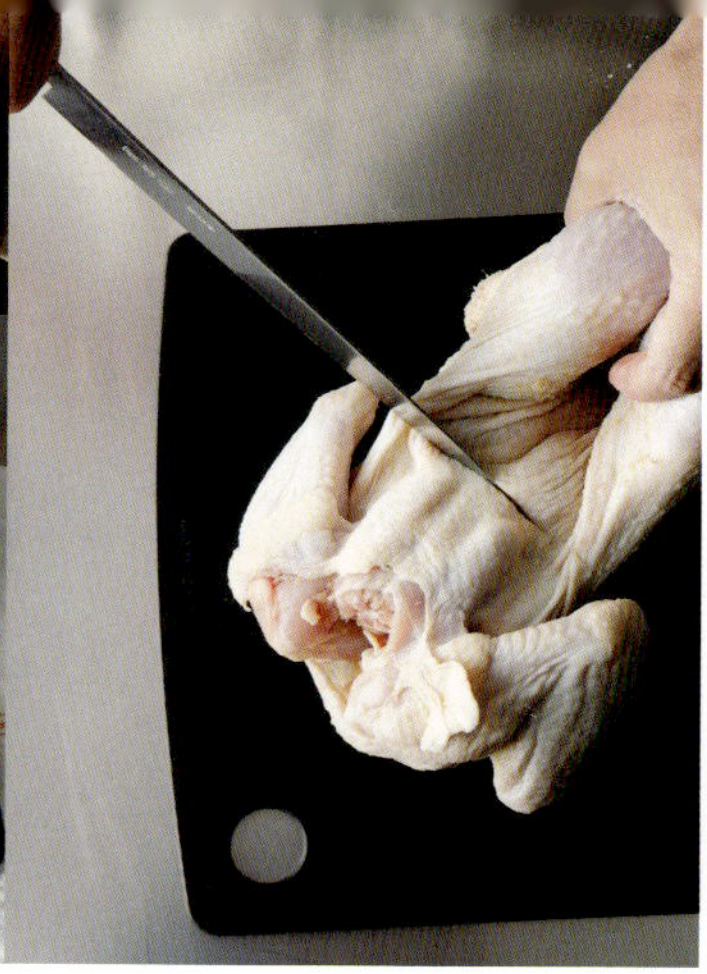

1.
丸鶏をさばく。両モモ肉を片手でつかみ、ぐっと寄せて背の部分に横1本できた筋に切込みを入れる。ここから大きく切り分けていく。

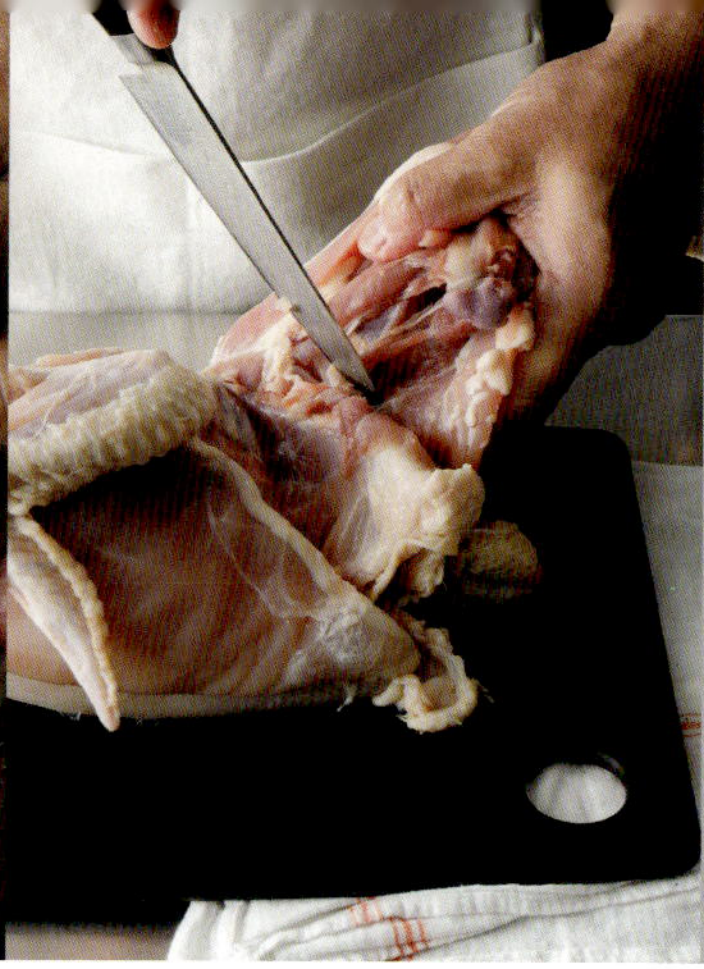

2.
さばき方にはルールがあるが、基本的には関節を見つけて包丁を入れていくイメージ。両手で感触をつかみながら骨格を探り、肉を切る。

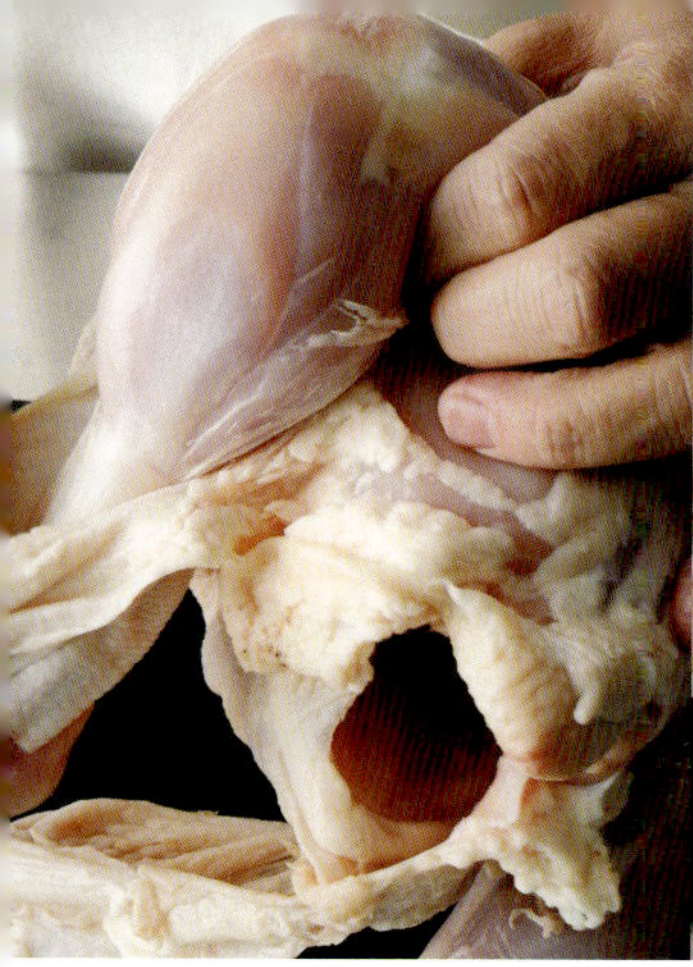

3.
皮を取り除く。皮と肉の間に親指を差し込み、皮をはぐ。ペーパータオルを使うと指が滑りにくい。手羽先のあたりはそのままでも。

4.
骨のついた部位や大き目に切り分けた部位は、何箇所か切込みを入れておくと煮込み時に火が通りやすく、味もなじみやすい。

5.
鶏ガラでスープを取る。なるべく底面積が狭く深い鍋のほうが適している。首つきの丸鶏があるとより濃い味のだしがとれる。

6.
冷たい水の状態からガラを加えて火にかける。前半は沸騰するまでに出るアクを逃さず小まめに取り除くと雑味が出にくい。

7.

玉ねぎを切る。縦に4つ割り。火にかける前に塩を振り、その後から水を注ぐと塩が鍋中全体にいき渡りやすい。ふたをして蒸し煮。

8.

蒸し煮・蒸し焼きにする。鍋中の水分が次第に減っていく。鍋肌や鍋底が焦げ付くギリギリまで我慢して加熱できれば、コクが強まる。

9.

にんにくをみじん切りにする。ヘタの硬い部分を取り除き、包丁の腹をあてて上から押しつぶすと皮がはがれやすいのでオススメ。

10.

切る前につぶすのは、より強い香りを立てるため。すりおろすのも香りはいいが、火の入れ方が弱いと青臭い風味が残ってしまう。

11.

しょうがをみじん切りにする。にんにくと同様、つぶしてから切るのがいい。皮はついたままで OK。気になる部分だけ取り除く。

12.

しょうがは上から体重をかけてつぶしたときに繊維の走っている方向がわかる。繊維に垂直に包丁を入れるとみじん切りしやすい。

13.
トマトを切る。なるべくおいしそうな完熟トマトを選びたい。ざく切りでいいが、サイズが大きすぎると皮が残って食べにくくなる。

14.
ローストチリを作る。辛み控えめで香りのいい南インドの丸型チリを使ったが、鷹の爪でもよい。種を取り除くと辛みが抑えられる。

15.
フライパンや鍋で乾煎りにする。煙が上がるくらいまできっちり火を入れるのがポイント。部分的には黒く焦げてもいいくらい。

16.
ローストクミンを作る。加熱前のクミンシードの色と香りを確かめておく。こんがり焦げ茶色になり、かなり香ばしくなるまで煎る。

17.
粗熱を取ってミルで挽く。チリもクミンも多めの量で焙煎して挽いたほうが作りやすい。火の入り方が違うため、それぞれ別々に。

18.
カッター式の電動ミルが便利。粉砕させてパウダーにするタイプのため、刃で切るタイプのコーヒーミルよりは微妙に香りは落ちる。

19.
パウダースパイスは、あらかじめ計量しておくのがオススメ。個別の香りを確かめながら混ぜ合わせて香りの変化を楽しむのもいい。

20.
にんにくとしょうがを炒める。焦がさないように気をつけたいが、かなりこんがりと色づくまで炒めたい。中までしっかり火を通す。

21.
ホールスパイスを加える。あまり強い火を当てないほうが香りが出ると思う。にんにく、しょうがを炒める途中で加えるぐらいがいい。

22.
ホールスパイスはカレーのできあがりまで時間をかけてじわじわと香りを抽出させたい。ここではその準備を整えるイメージで。

23.
鶏肉を加えて炒める。鍋中の温度が一度下がるため、強めの中火程度の火力でも焦げ付きにくい。肉の表面に油をからめていく。

24.
部位ごとにサイズが違い、骨が邪魔したりするため、鍋中をかき混ぜるときは丁寧に。全体的にピンク色の部分がなくなるまで炒める。

25.
パウダースパイスを加えて炒める。玉ねぎが入っていない状態でパウダースパイスを加えるのは、スパイスの焙煎香を強めるため。

26.
各パウダースパイスが均一に混ざっている必要はない。鶏肉の表面にまぶしながら鍋底にたまった温かい油になじませていく。

27.
スパイスの粉っぽさがまったくなくなるまでは炒めたい。鶏肉の表面に付着しているパウダースパイスがしっとりした状態になるのが目安。

28.
トマトを加えて炒める。鍋を揺らし、木べらを回して鶏肉の下にトマトを沈めていく。鍋底でトマトに火が入ってつぶれ、水分が出る。

29.
トマトの水分で半分煮ているような状態になるが、強めに加熱して水分を飛ばし、部分的に煮詰めていくように炒め、トマトの味を濃縮させる。

30.
ヨーグルトを加える。ゴムベラを使って余すことなく。火を弱めて色が均一になるよう、全体をよく混ぜ合わせる。とろっとしたソース状に。

31.
玉ねぎを仕上げる。蒸し煮から蒸し焼きにするタイミングは、水分の飛び方次第。後半はふたを開けて強火に。混ぜながらこんがり色づける。

32.
玉ねぎを加える。鍋底や鍋肌についた玉ねぎやエキスはうま味なので、きっちりとゴムベラなどを使ってぬぐうように加えたい。

33.
玉ねぎの色味は、ここまでこんがりさせるのが理想的だが、ちょっとハードルが高いので、もう少し手前の明るい色味でも大丈夫。

34.
ざっと混ぜ合わせる。甘味と香味が際立った状態の玉ねぎは、油を使っていないが、ここで玉ねぎと油が融合することになる。

35.
鶏ガラスープにくず野菜を加える。玉ねぎやにんにくの皮や軸を加える。くず野菜の煮込み時間は、後半30～40分程度でよい。

36.
アクを取り除いた後は、とにかく最大の強火でボコボコと煮続ける。強火で2時間ほど煮込めば白濁し、濃いスープが抽出できる。

37.
スープを濾す。使用する量はそれほど多くないため、しっかり強火で煮詰めたい。玉ねぎの皮でほんのり茶色っぽく色づいた状態。

38.
スープを加える。カレーの鍋中に残っている水分や、鶏肉の中に含まれている水分量に寄るが、スープは少なめに加えておくのが無難。

39.
隠し味を加える。3種類とも量はそれほど多くないが、コクやうま味、甘味が加わるため、入れると入れないではだいぶ味わいが変わる。

40.
カレーを煮込む。一度煮立て、弱火にして30分ほど煮込む。表面にふつふつと優しい気泡が生まれる状態をキープ。ときどき混ぜ合わせる。

41.
完成。表面にうっすらオレンジ色の油が浮く（油脂分がパキッと分離してしまうのではなく）のが理想。ほどよくシャバッとしたソース。

42.
翌日に残っていたら、水分を飛ばすようにあえて煮詰めながら温める。鶏肉はボロボロに崩れるが濃縮された別のおいしさを味わえる。

2日目のカレー

カレーは一度冷ませば味が濃縮され、不思議とうま味やまろやかさが増す。冷たいまま食べるのも僕は好き。

水野仁輔だけのおいしいカレー

【材料】6〜7人分

◎スープ用

- 丸鶏（ガラ）　1羽分（1・5kg）
- 水　2リットル
- くず野菜　適宜

玉ねぎ（4つ割り）　2個（400g）
塩　小さじ1と½
植物油　75ml
にんにく（みじん切り）　3片（30g）
しょうが（みじん切り）　2片（30g）
丸鶏（ガラ以外）　1羽分

◎ホールスパイス

- カルダモン　8粒
- シナモン　1本
- スターアニス　1個

◎パウダースパイス

- コリアンダー　大さじ2
- ローステッドクミン　大さじ1
- ローステッドチリ　小さじ2
- パプリカ　小さじ2
- フェンネル　小さじ1
- ブラックペッパー　小さじ1
- ターメリック　小さじ1弱

トマト（ざく切り）　大2個（500g）
プレーンヨーグルト　1500g
スープ　400ml
マーマレード　大さじ1
しょう油　小さじ2
ココナッツミルク　60ml

【下準備】

・丸鶏を切り分け、鶏ガラとほかの部位に分けておく。

・レッドチリ（ホール）とクミンシードは、それぞれ乾煎りして粗熱を取り、ミルサーで粉に挽いておく。

【作り方】

❶鶏ガラスープを取る。
鶏ガラを鍋Aに入れて2リットルほどの水を注ぎ、強火にかける。アクが浮いてきたら取り除き、強火のまま2時間ほど煮る。途中、玉ねぎやにんにくの皮などを加える。

❷玉ねぎを蒸し煮、蒸し焼きにする。
鍋Bに4つ割りにした玉ねぎを加えて半量の塩と100ml〜105mlほどの水を注ぎ、ふたをし強火にかける。そのまま玉ねぎがくたっと柔らかくなるまで蒸し煮する。玉ねぎが柔らかくなったらふたを開けて強火のまま表面を焼きつけるように加熱する。

❸鍋Cに油を中火で熱し、にんにくとしょうがを加えてキツネ色になるまで炒める。

❹丸鶏のガラ以外の部分を加えて炒める。途中、ホールスパイスを加えて鶏肉の表面がほんのり色づくまで。

❺パウダースパイスを加えてざっと混ぜ合わせ、1〜2分ほど炒める。

❻トマトを加えてざっと混ぜ合わせ、そのままトマトを煮詰めるように加熱して水分をしっかり飛ばす。ヨーグルトを混ぜ合わせる。

❼スープ（400ml分）を加えて煮立て、マーマレード、しょう油、ココナッツミルクを加えて弱火にし、ふたをあけたまま20〜30分ほど煮込む。

大さじ1は15ml、小さじ1は5mlです。